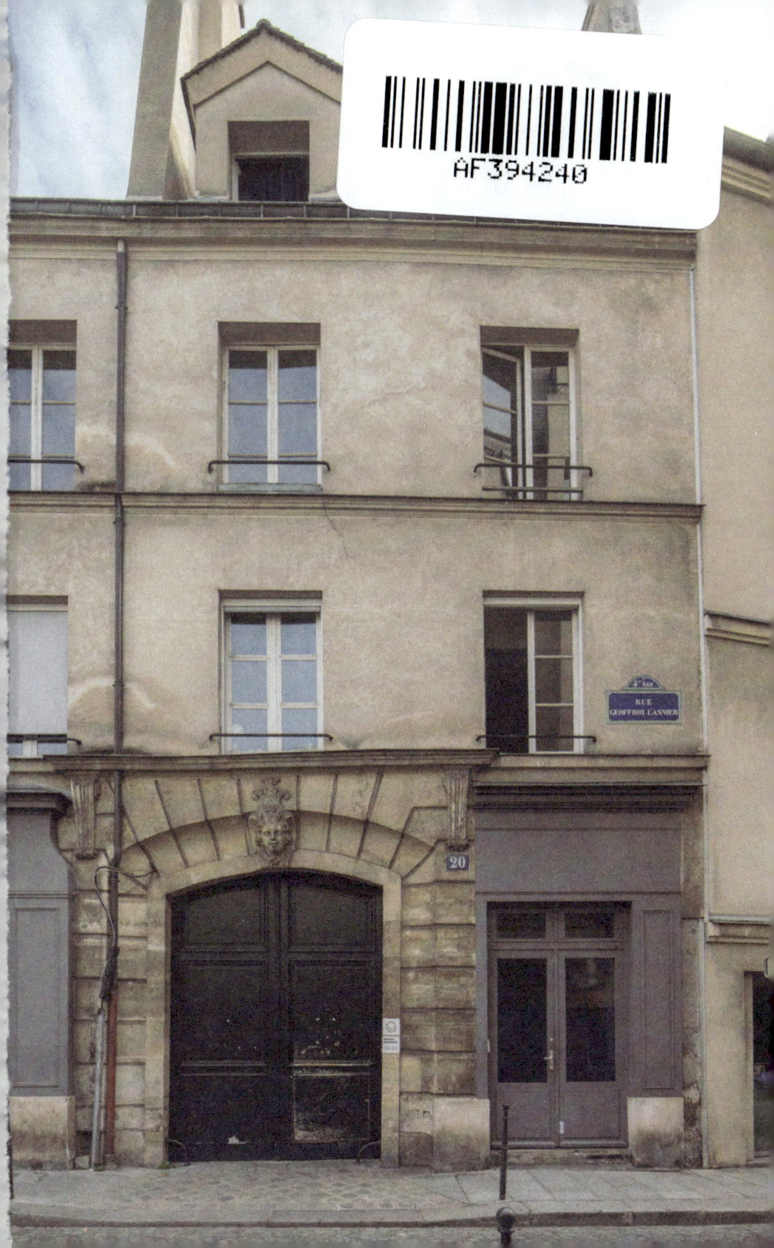

AF394240
4e ARR
RUE
GEOFFROY L'ASNIER
20

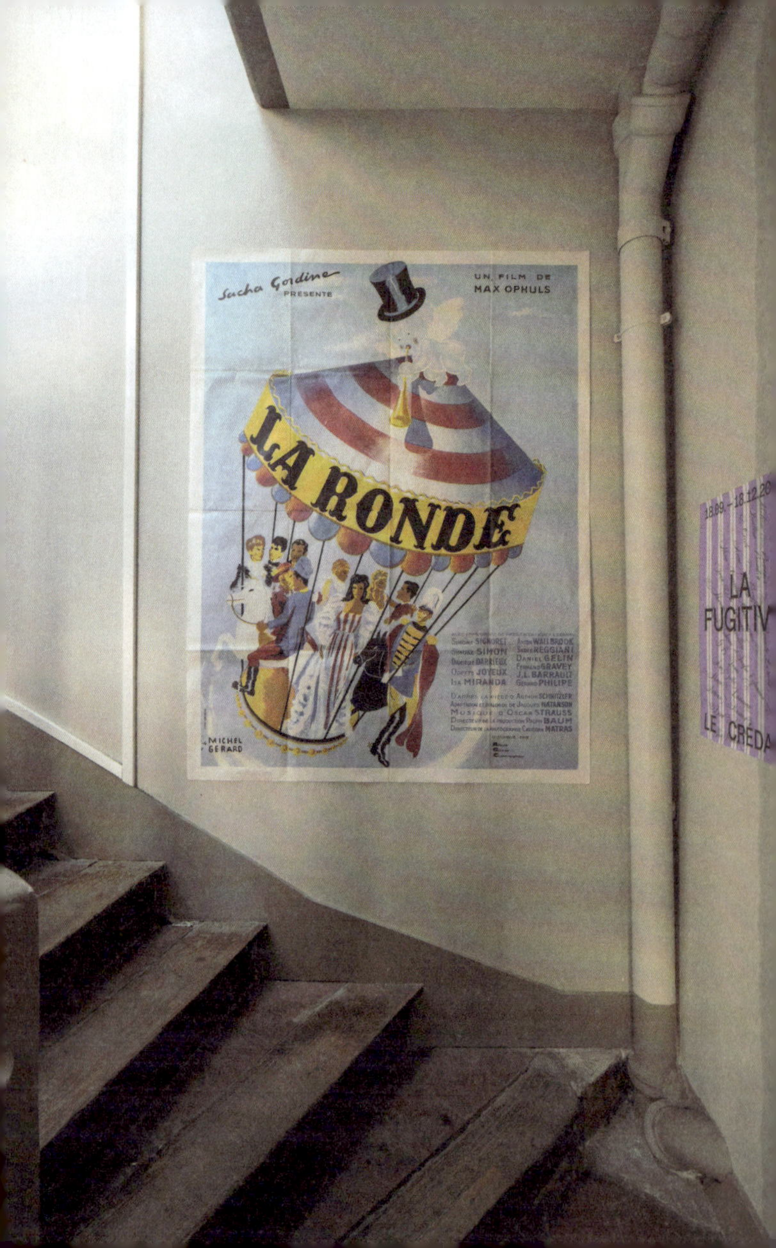

Sacha Gordine
PRESENTE
UN FILM DE
MAX OPHULS
LA RONDE
Simone SIGNORET
Simone SIMON
Danielle DARRIEUX
Odette JOYEUX
Isa MIRANDA
Anton WALLBROOK
Serge REGGIANI
Daniel GELIN
Fernand GRAVEY
J.L. BARRAULT
Gérard PHILIPE
D'APRÈS LA PIÈCE D'ARTHUR SCHNITZLER
ADAPTATION ET DIALOGUES DE JACQUES NATANSON
MUSIQUE D'OSCAR STRAUSS
DIRECTEUR DE LA PRODUCTION Ralph BAUM
DIRECTEUR DE LA PHOTOGRAPHIE Christian MATRAS
MICHEL GÉRARD

18.09 – 18.12.20
LA
FUGITIV
LE CRÉDA

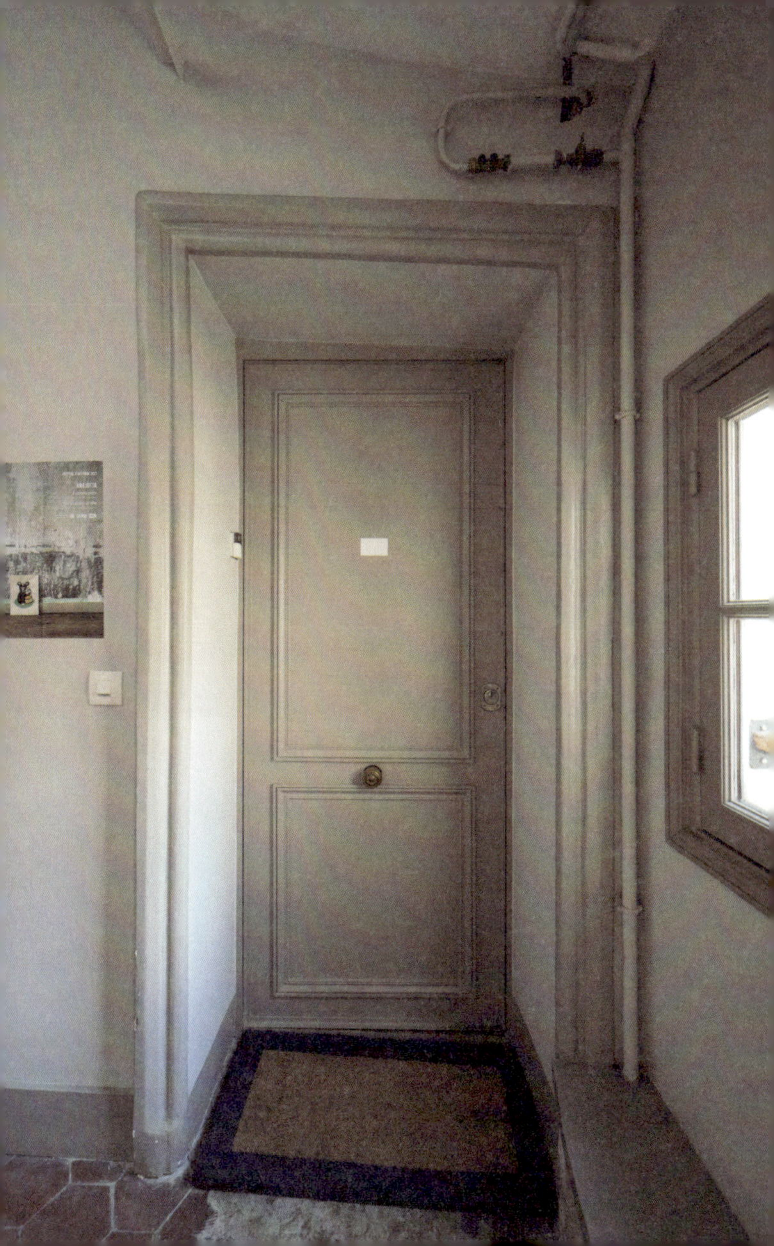

À propos d 'une chambre en ville :
" ....Une Chambre en Ville est un film noir .Un film musical , des policiers qui chantent ,
cette troupe de CRS prête à mater les manifestants . Dès le générique le ton nostalgique est
souligné par le piano triste de Colombier résonnant sur le pont de Nantes et son pont
transbordeur déjà disparu lorsque le film tourne en 1982 . (* et la chanson qu 'elle chante
comme un refrain - litanie . " un , deux , trois , quatre , cinq , c 'est lui qui revient : un , deux
, trois , quatre , cinq .... ") .
Un échec commercial cinglant , qui glisse du musical à l'opéra, avec son outrance du jeu , sa
musique ample , omniprésente et sa fin tragique \\
(1982, Musical / Drama , 1h 30 m / notes : https ://fr . m . wikipedia . org .)

Voilà en sinopsis, la chambre en ville de Jacques Demy .

Quarante ans après , plus de chambre d 'amour , plutôt une pièce à soi , à moi .Dehors , le
dècor toujours , encore Paris , les malaises du temps , les grèves , des mouvements,
 encore . À l 'intérieur , dedans , plus de chant , plus de musique , la tragédie s ' annoncera
dans d 'autres lieux .

Soyons précis :
Puisque quelques personnes de mon entourage savent que j'aime les endroits clos, les salles ,
les pièces , les maisons , et en plus que j 'adore les décorer , ils m 'ont offert cette chance . On
m 'avaient proposé de belles maisons là bas où on mantient en vie les chôses de quelques
artistes ; mais , bien sûr qu'elles avaient déjà leur maître. Et occuper c 'est pas mon style .
Alors , comme par hasard (ce qui m'arrive souvent) , après une nuit bien dormie , la phrase
m 'a réveillée : -- " une chambre en ville " .

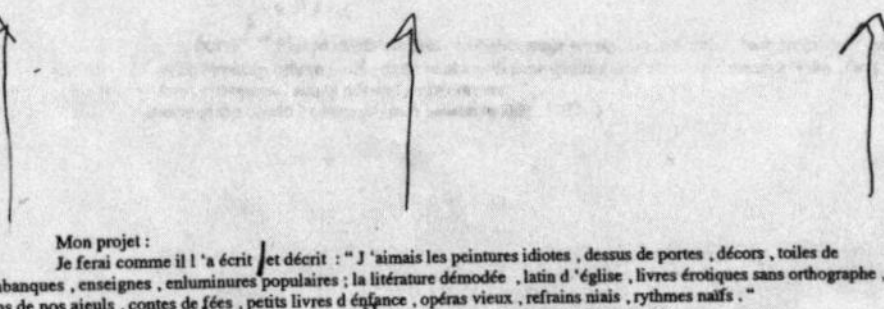

Mon projet :
Je ferai comme il l 'a écrit et décrit : " J 'aimais les peintures idiotes , dessus de portes , décors , toiles de
saltimbanques , enseignes , enluminures populaires ; la litérature démodée , latin d 'église , livres érotiques sans orthographe ,
romans de nos aïeuls , contes de fées , petits livres d 'énfance , opéras vieux , refrains niais , rythmes naïfs . "
(Arthur Rimbaud , L 'Alchimie du Verbe (extrait) , Une Saison en Enfer , 1873)

[P. 1 - 59]

Une chambre en ville, projet d'Ana Jotta pour le Festival
d'Automne à Paris accueilli par la Cité internationale des
arts, rue Geoffroy-l'Asnier, 4e arrondissement, Paris, 2022

Ana Jotta
Une chambre en ville, Paris, 2022

Clément Dirié (éd.)

jrp|editions

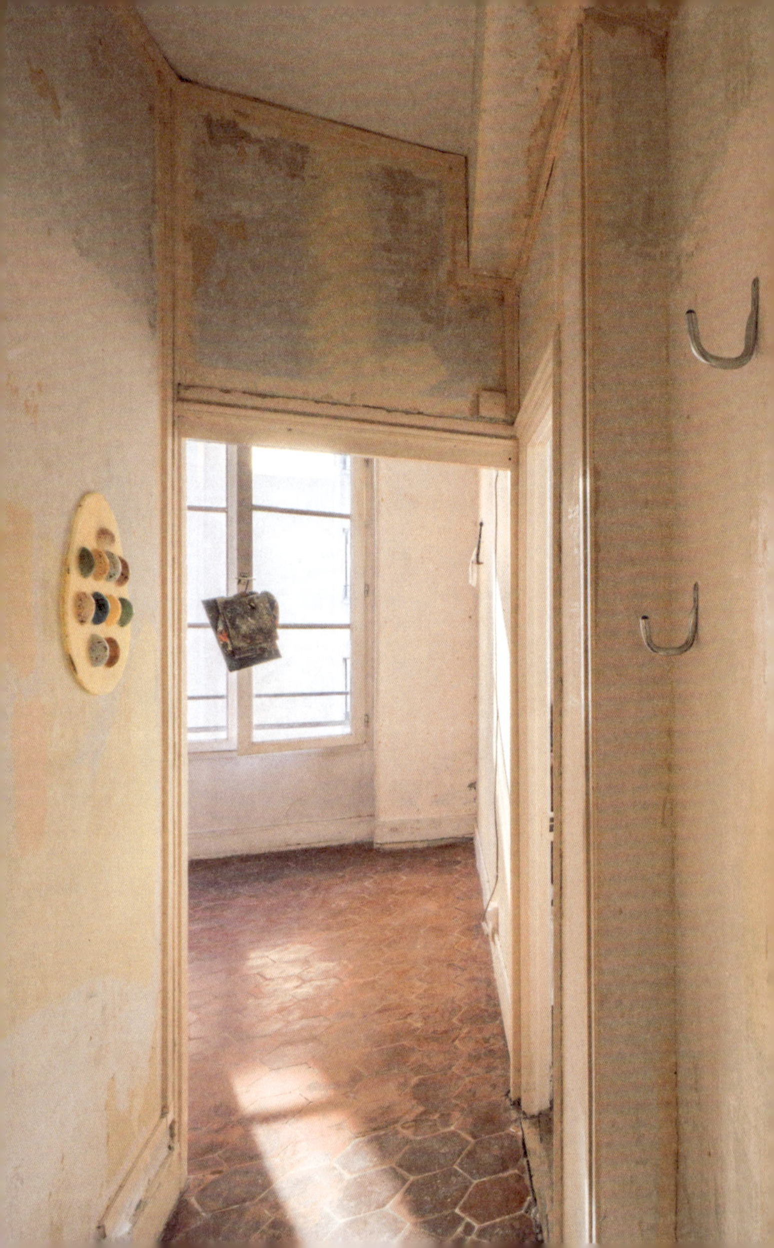

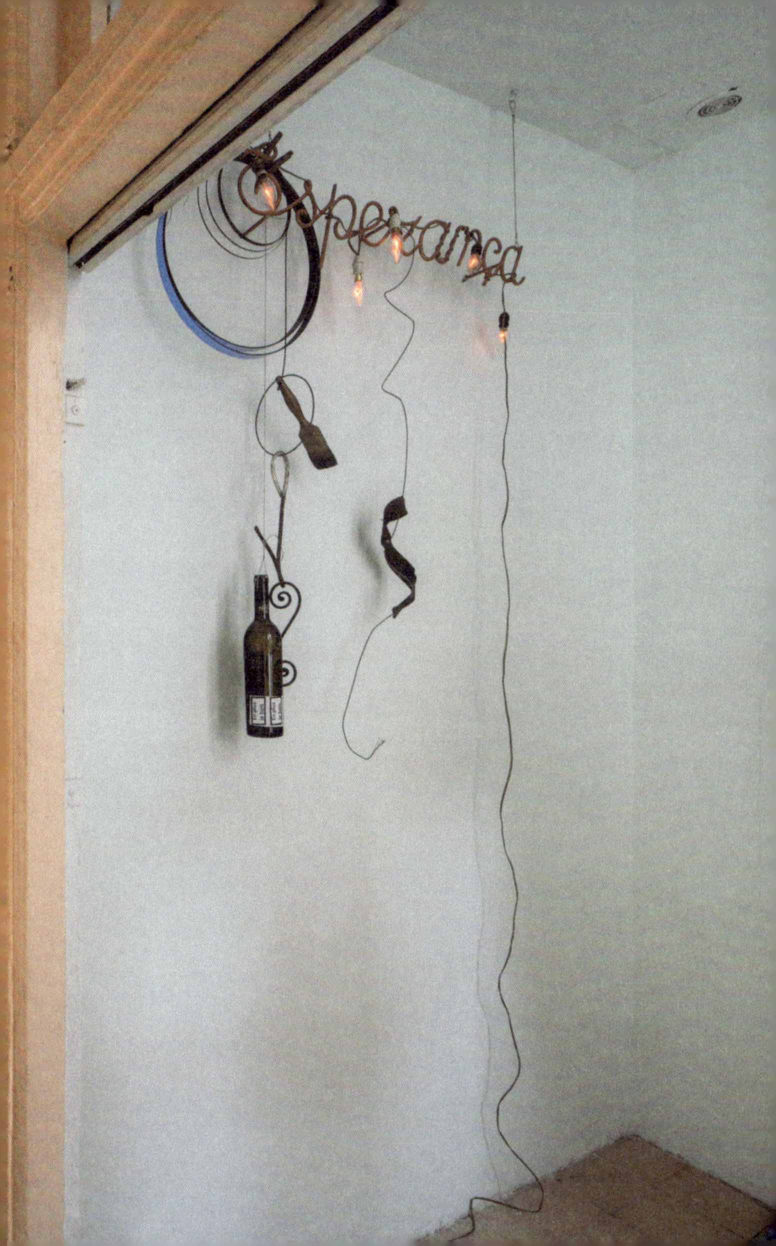

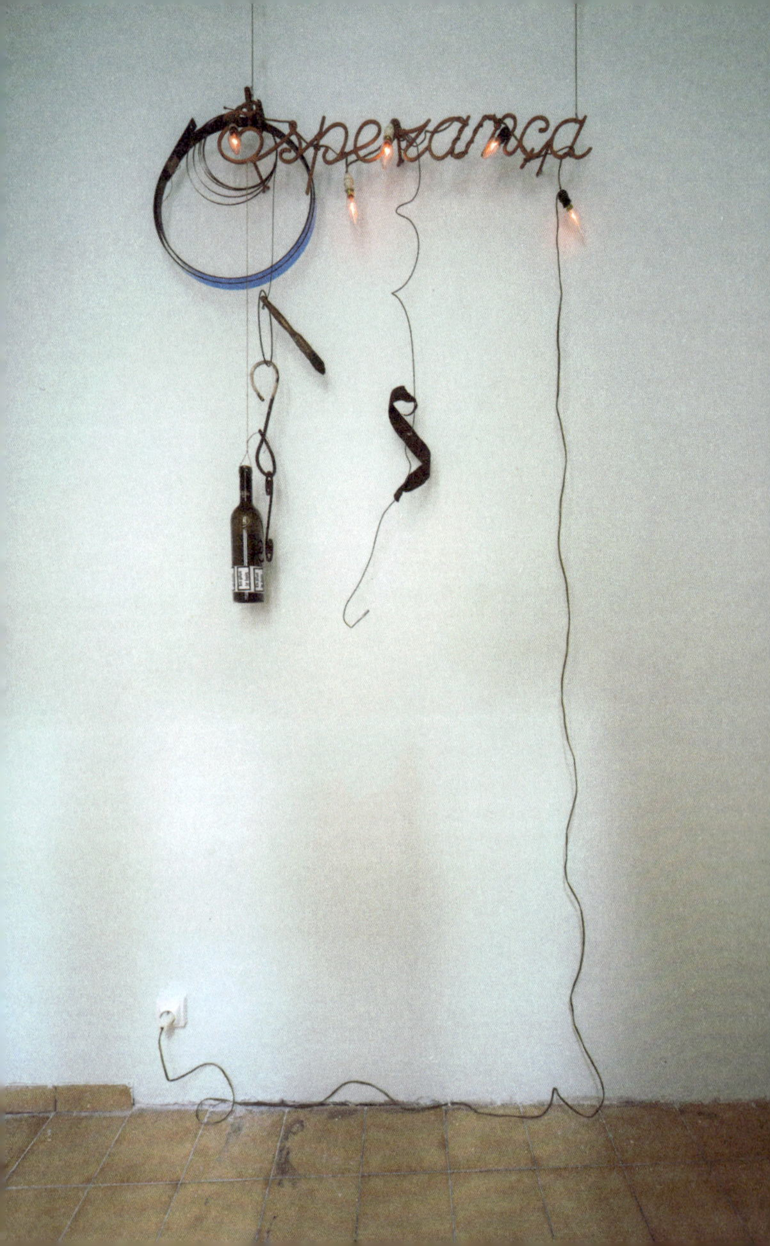

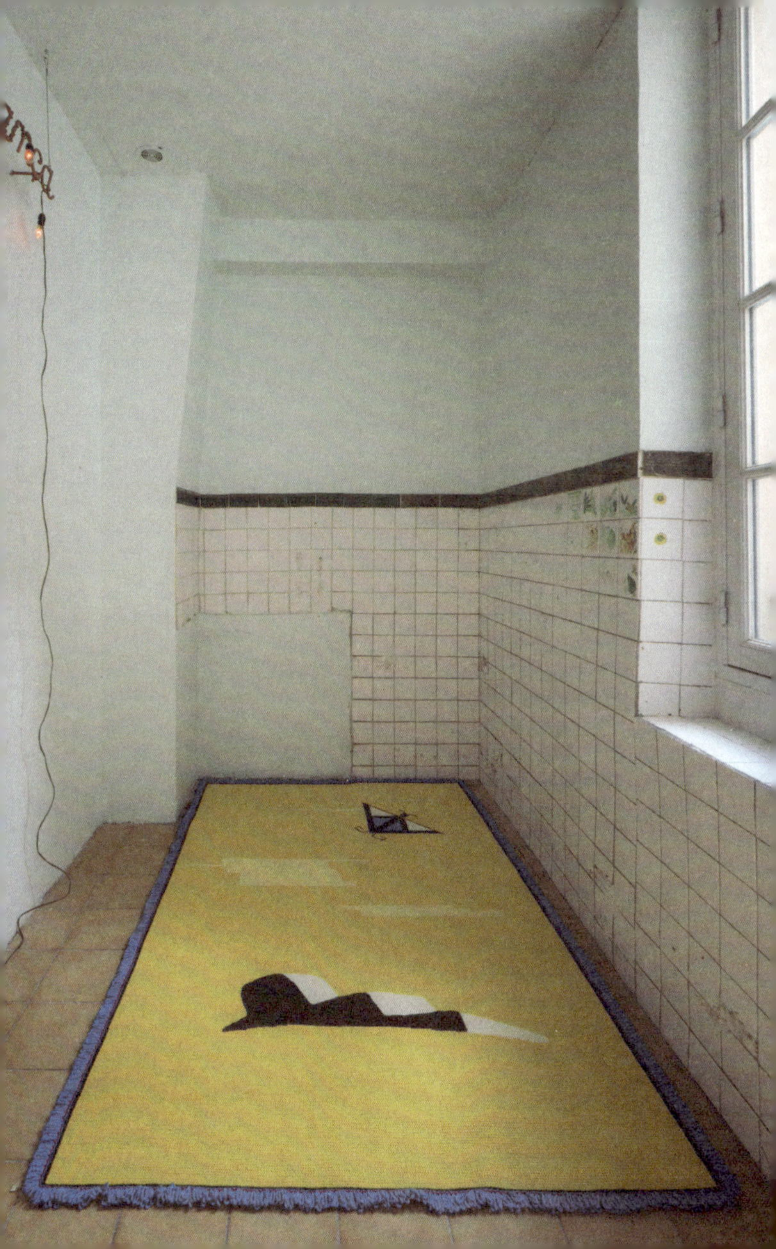

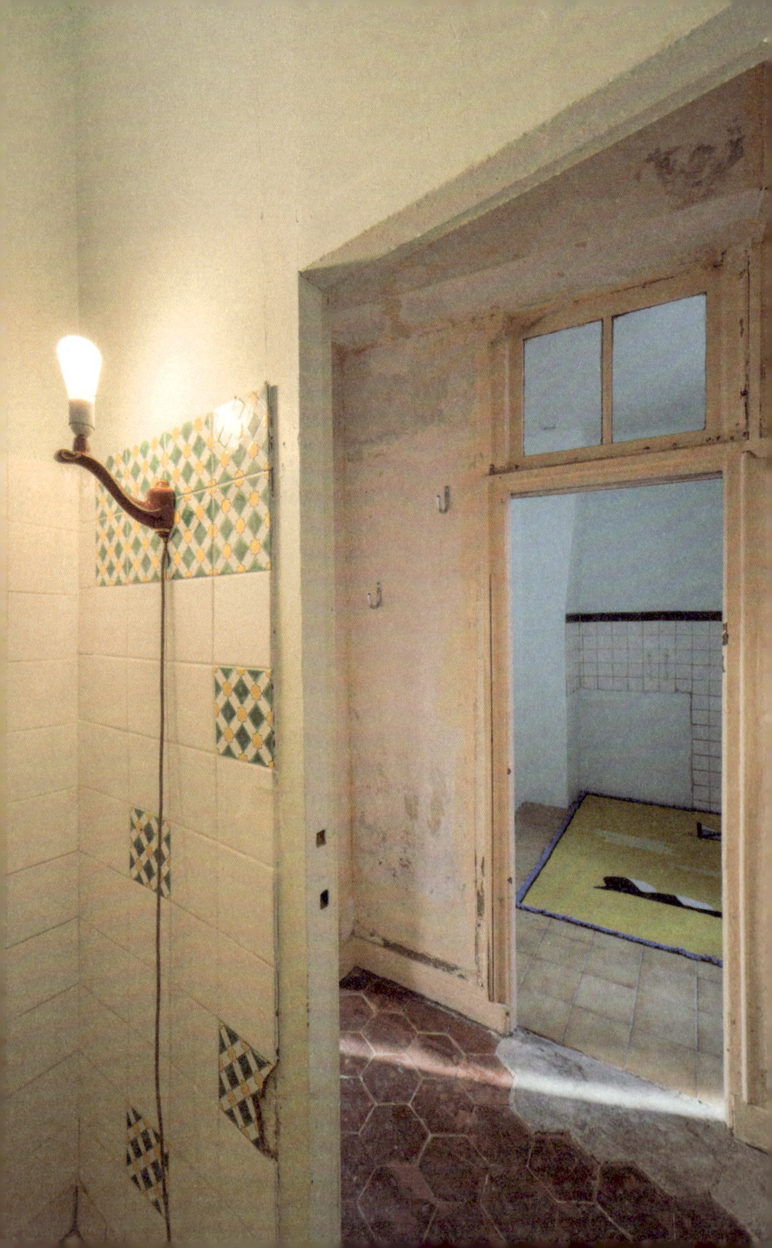

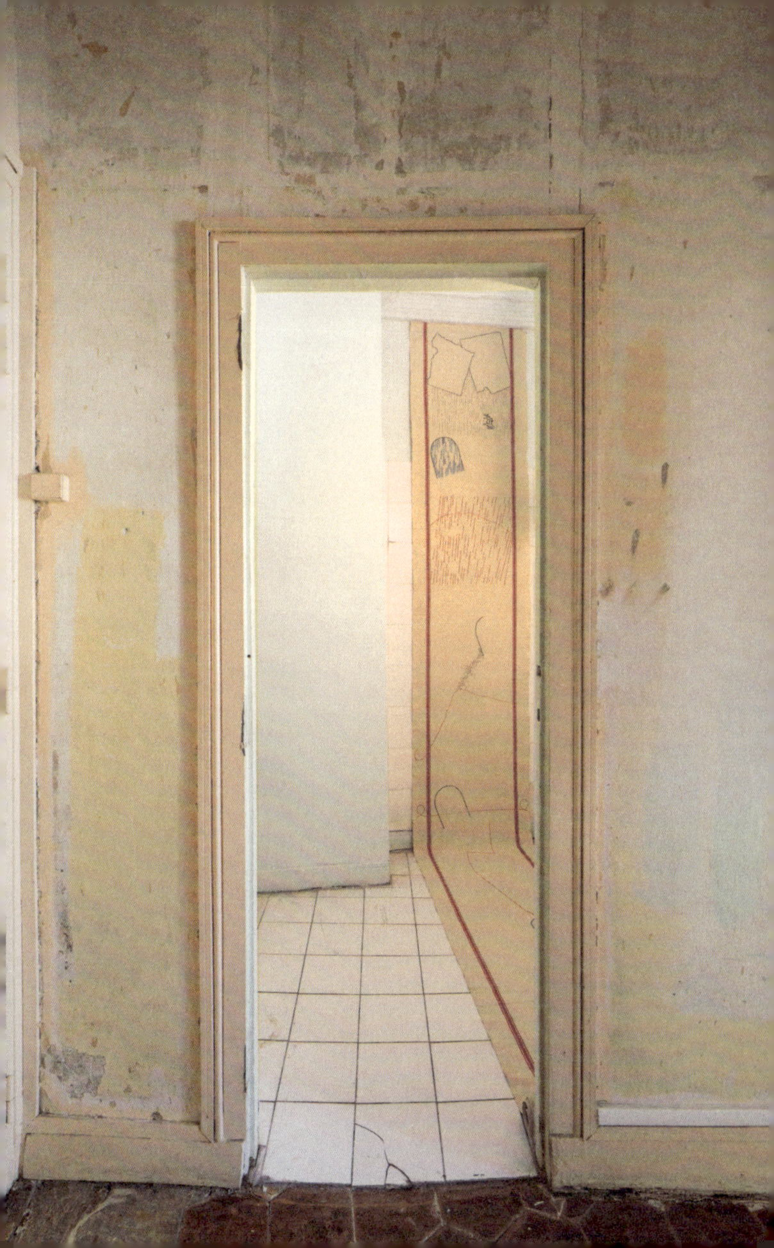

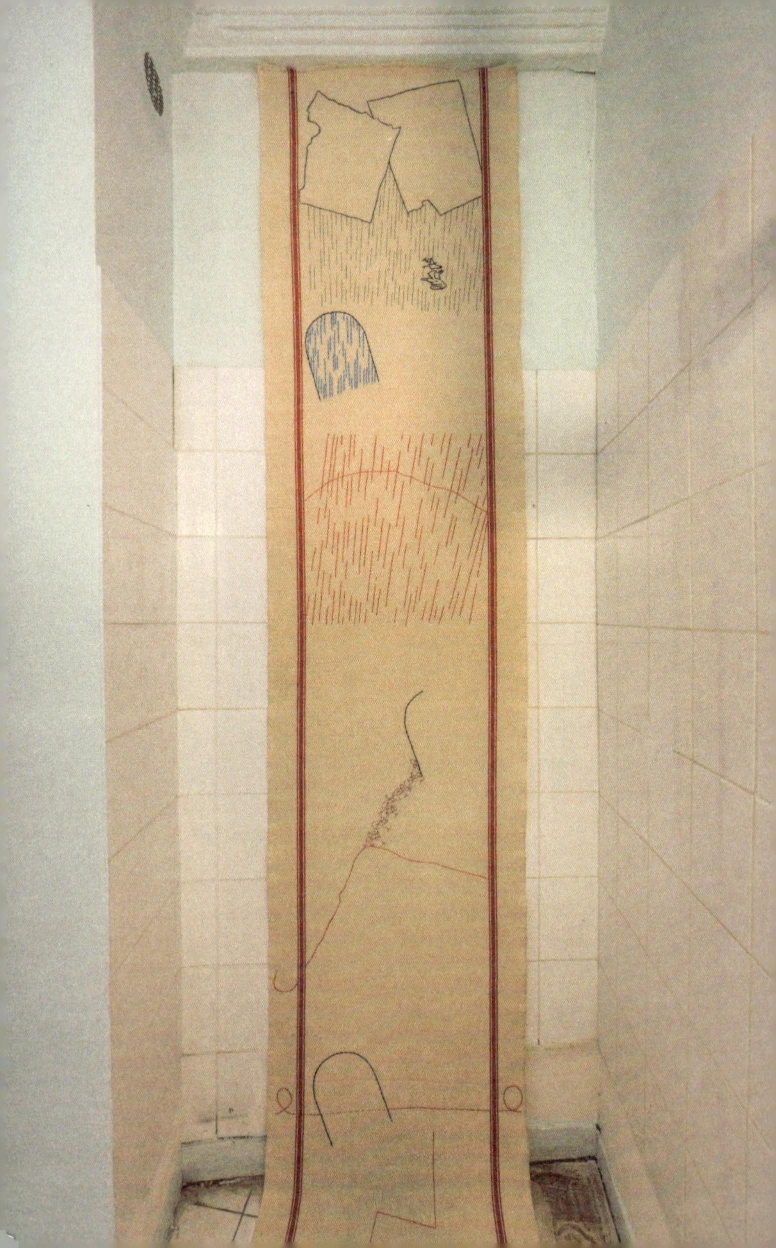

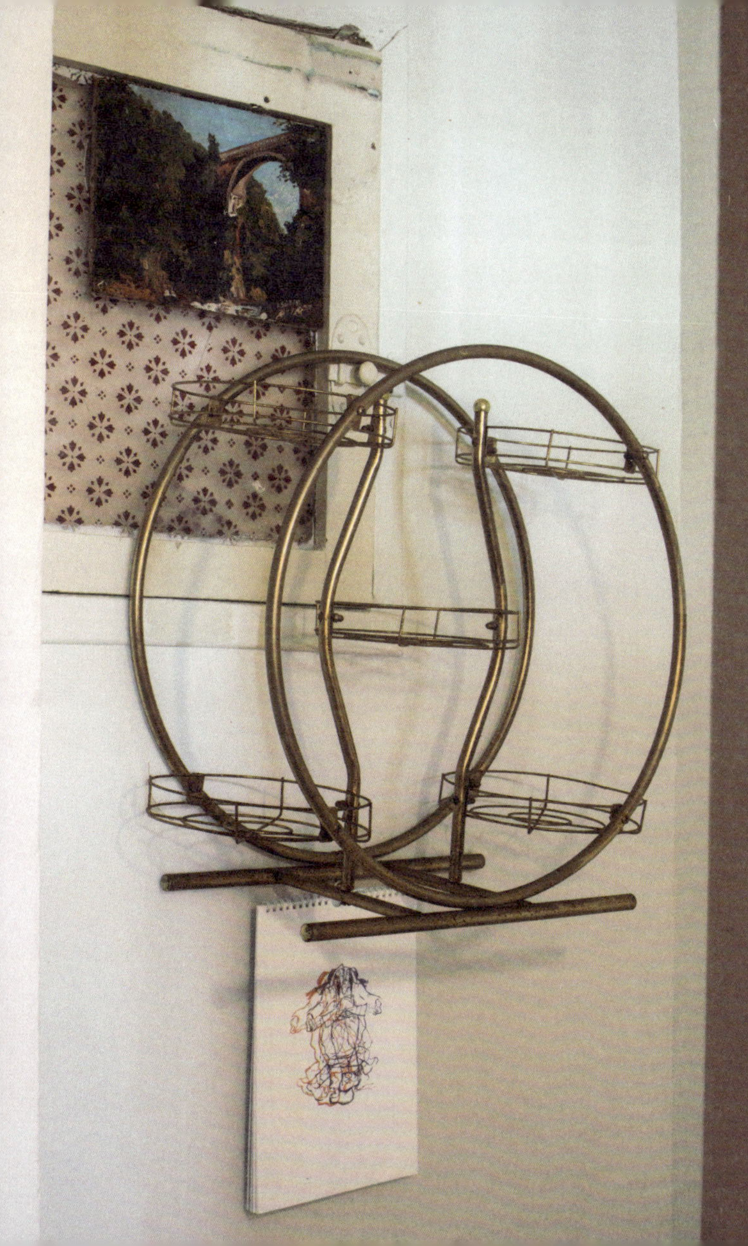

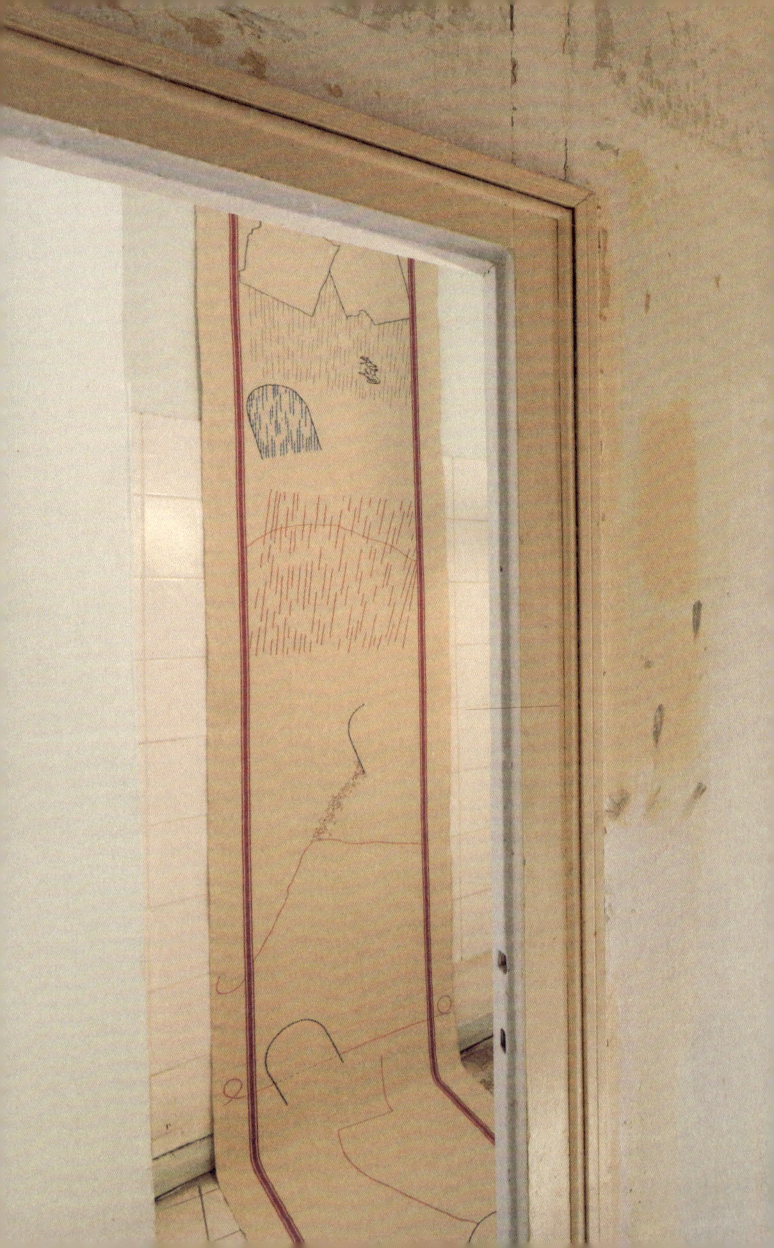

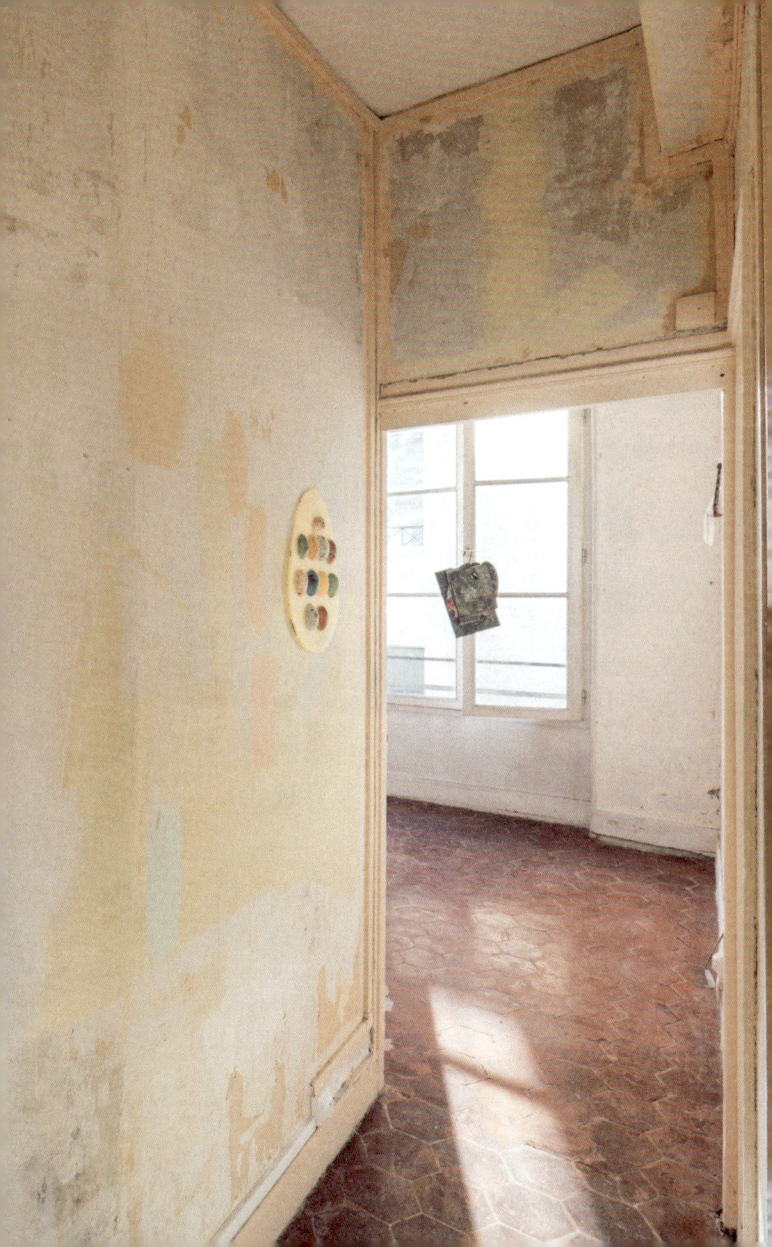

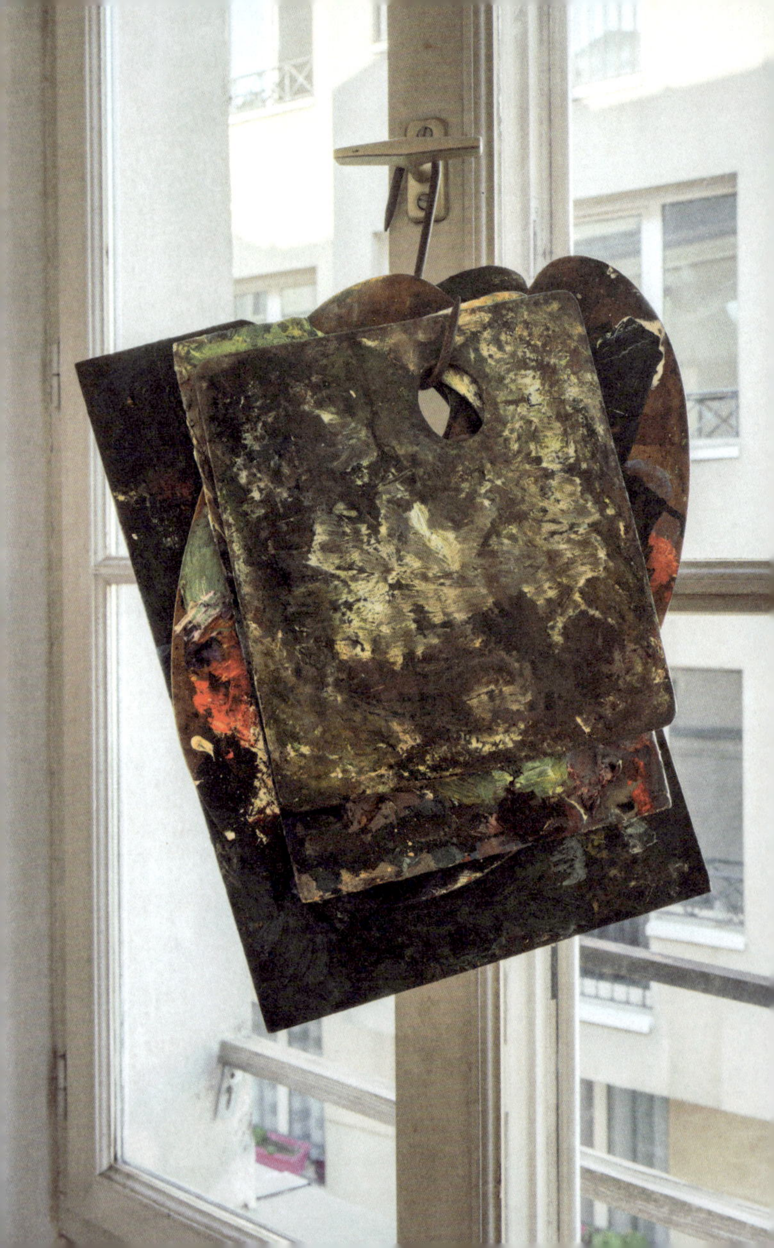

Ventriloquie

Clément Dirié

A.

Nous sommes en décembre. Je suis vide depuis trois semaines. Après de longues journées de calme complet, j'ai reçu hier deux visites. La première, au moment où le soleil commence à inonder mes trois pièces sur rue, comptait trois personnes : cet homme qui vient chez moi depuis avril dernier et que j'ai presque autant vu que la femme portugaise, et deux visiteurs que je ne connaissais pas. Ils venaient pour la première fois. Je me demande ce qu'ils en ont pensé. Celui que je connais leur a montré les lieux, heureux, comme à chaque fois, de raconter mon histoire, de décrire les changements apportés par cette dame qui s'appelle Ana – de la peinture rose Alfama ici ; des portes de placard enlevées là ; ma salle de bains et ma cuisine repeintes comme précédemment –, d'expliquer ce qu'il s'est passé ici cet automne. Il semblait aussi un peu troublé car c'est vrai que je n'ai plus autant à offrir. C'était une drôle de visite où il évoquait le large sofa, les chaussons en bronze, le feu en peluche et la batterie de cuisine comme s'ils étaient encore là.

Tout est reparti à Lisbonne, je crois, là où tous ces objets ont trouvé ou retrouvé leur place. Mes seuls compagnons sont désormais Mister Pencil et Ano – et ils sont adorables. Il reste aussi, sur la cheminée de la plus grande pièce, la tirelire qu'Ana a acheté aux Puces de Vanves, une belle tirelire en forme de volume de Molière – *L'Avare* bien sûr. Lorsque les déménageurs sont venus pour tout emporter, cette tirelire était tellement bien fixée qu'ils n'ont pas réussi à l'enlever et l'ont cassée ! Elle est donc toujours là, en morceaux.

Je suis promis à la démolition, à des travaux pour me refaire à neuf et me réunir avec l'appartement mitoyen. C'est prévu pour mi-2023. C'était ça, la seconde visite. Un groupe est venu mesurer, calculer, tâter mes murs. Cela m'a rappelé, en beaucoup plus brutal, ce mois entier où Ana, de manière toujours très posée, tranquillement, était là tous les matins pour me décorer, m'aménager, me peindre. Une fois que ce fut fait et qu'elle fut satisfaite, elle a ouvert la porte – après y avoir mis sa carte annonçant « Femme variable » – et bien des gens m'ont visité, moi et tout ce que j'accueillais temporairement. C'était joyeux et étonnant, toutes ces personnes, toutes ces conversations, toutes ces surprises. Il faudra que je demande aux autres appartements du quartier si cela leur est déjà arrivé. Cependant, je n'ai jamais entendu parler d'une chose pareille.

Ana Jotta, *Une Chambre en ville*, deuxième étage, 20, rue Geoffroy L'Asnier Cité internationale des arts, Festival d'Automne à Paris, 2022

<u>ESCALIER</u>

Sur le palier, à gauche des affiches du Festival d'Automne et de l'exposition *La Fugitive*, se déploie *La Ronde*, film *avec personnages* de Max Ophüls sorti en 1950. Sur la porte d'entrée (bienvenue !), une carte de visite annonçant *Femme variable*.

<u>L'« ANCIENNE CUISINE »</u>

Au mur, les lumières d'*Esperança*, « l'espoir », une œuvre des années 1980. Au sol, un tapis, tissé en un seul exemplaire, dont le titre *Je suis parti chercher du white spirit* est emprunté à une exposition du peintre belge Walter Swennen.

<u>DANS CE QUI ÉTAIT LA SALLE DE BAINS</u>

Des fleurs, fraîches le 14 octobre au moment du vernissage, fanées le 27 novembre quand ce sera le finissage ; une composition avec un calendrier, un présentoir vide et une vue acquise aux Puces de Vanves fin septembre (pour faire plaisir à Pierre) ; du sol au plafond : une œuvre brodée en 2019, roulée, où court déjà Krazy Cat et qui s'appelle *Volto já*, « je reviens de suite ».

<u>COULOIR</u>

Au-dessus de la porte, « Rua Ana Jotta », édition limitée produite par le Festival d'Automne (informations auprès de Manon et Martin qui veillent [merci à vous deux] sur la *Chambre en ville*). Au mur, cette décoration pascale ornait, en avril 2022, la boutique de bougies Casa das velas Loreto fondée à Lisbonne en 1789.

<u>LA « NOUVELLE CUISINE »</u>

Autour de l'*Entrée des artistes* (2020), une broderie où courent toujours Krazy Cat et son *boyfriend* Ignatz : un coin d'Alfama avec son carreau « À chacun son pain* » ; le multiple *Loves me, loves me not* (2022) éditée par keijiban ; des ustensiles de cuisine, dont une rôtissoire à châtaignes, déterrés à la campagne ; une palette de palettes, etc. *Ah, ça ira…*

<u>LA SALLE DE CINÉMA</u>

Ce sofa victorien, qu'affectionnaient Virginia Woolf, Vita Sackville-West, Vivien Leigh et Laurence Olivier, est entré par la fenêtre le jour de l'enterrement de la reine Elizabeth II. Autour de vous, entre autres choses, un papier peint Louis-Philippe peint à la main, un « Clémentdrôme » pour accueillir des courses d'escargots, Mister Pencil et quelques outils.

<u>CHEZ MISTER PENCIL, LE GRAND SALON</u>

Tout de suite à gauche : une horloge en provenance du Portugal ; « DORMIR » laissé par la fugitive ; des chaussons en pain ou en bronze, ou les deux. Sur les murs, des dessins parce que ces murs ressemblent à de grandes feuilles de vieux papier ; des dessins inspirés par Rodolphe Töpffer, caricaturiste suisse (1799-1846), qui épousent les traces existantes. Entre les fenêtres, une photographie de Tanger. Dehors, des yeux de Christian B. Dehors, l'automne. Dehors, Paris. Dehors, la ville.

Quelques informations seulement ; le reste, ce sont des impressions.

Feuille de salle pour *Une chambre en ville*, 2022

J.

L'appartement du 20, rue Geoffroy-l'Asnier, deuxième étage sur rue, où Ana Jotta a présenté *Une chambre en ville*, m'a envoyé ce texte il y a quelques jours. Il fut sans aucun doute une pièce maîtresse du projet. En le découvrant en mai 2022, après que la Cité internationale des arts a très généreusement confirmé la possibilité de l'investir, Ana Jotta l'a tout de suite beaucoup aimé, notamment pour ses murs pareils à de «grandes feuilles de vieux papier où peindre et dessiner». Après avoir dirigé à distance les menus travaux de remise en état — pour que l'appartement ne soit ni triste ni sale ni décadent —, elle s'est installée à Paris en septembre, pendant un mois, s'appropriant les lieux, l'aménageant à sa guise, se fournissant aux puces, chez Fanette et au BHV. Puis, pendant six semaines, *Une chambre en ville* a ouvert ses portes au public.

De la façade extérieure et l'affiche de *La Ronde* de Max Ophuls — générique parfait pour un tel décor — jusqu'à la palette de palettes et les innombrables objets installés par l'artiste, cette publication propose une visite guidée, pièce par pièce, de l'appartement, avant de terminer par des vues de l'exposition *A comme encre* chez Immanence, dédiée à son œuvre imprimée. L'appartement sera bientôt rénové: il aura été le lieu, très spécifique, d'une seule exposition, d'un seul projet, d'une seule artiste.

Ana Jotta souhaite montrer l'art d'une manière naturelle, *dans la vie*. Cela déplace certains usages et crée des situations étonnantes parce qu'anodines: faire visiter une exposition comme l'on découvre un appartement pour la première fois; se dire quelques derniers mots sur le palier comme si l'on saluait des amis après un dîner; regarder par la fenêtre si le rendez-vous de 10h30 est bien arrivé; entendre les bruits de la rue et sentir l'odeur du repas des voisins; se battre avec une serrure capricieuse...

Pour certains, *Une chambre en ville* est une «leçon de peinture»; pour d'autres, une «exposition de cinéma sans images en mouvement» ou «un instantané de modernités, à la fois nonchalant et maîtrisé». Pour tous, l'occasion de découvrir, dans les conditions du réel, le travail d'Ana Jotta d'une manière unique.

Quelques jours avant l'ouverture des expositions, il fallait rédiger des textes de salle, supports que l'artiste apprécie particulièrement. Reproduite page 52, la sienne mentionne la bribe d'une conversation téléphonique entendue boulevard Richard-Lenoir. Les nôtres, celles de l'exposition et de sa médiation (pages 19, 66-67), furent rédigées très vite et plastifiées, comme il se doit. Même si je les ai bien écrites, je ne peux pas dire qu'elles soient de moi. Elles sont d'Ana Jotta ou, plutôt, émanent de ces longues conversations que nous avons eu sur toutes ces choses qu'elle a créé, choisi, acheté, auxquelles elle a donné une nouvelle vie. Et sur tout le reste… Ces feuilles de salle sont nées toutes seules, le plus naturellement du monde. Un jour qu'un visiteur me demandait qui avait écrit ces textes, je répondis que c'était moi, en *ventriloque*. Une manière de dire que c'était davantage les choses et les circonstances qu'Ana Jotta ou moi-même qui les avaient écrites. Que ça circule, que ça avance, que ça roule.

«Fala-so», «soliloquy», *soliloque*: en aimant titrer ainsi ses expositions, ses œuvres, ses publications, Ana Jotta nous rappelle que nous sommes certes tous des animaux sociaux mais aussi, irréductiblement, des êtres seuls, en roue libre, parlant de soi à soi pour soi. Dans *Une Chambre en ville,* nos soliloques se rencontrèrent momentanément et les objets parlèrent d'eux-mêmes, en ventriloques des histoires qu'ils renferment ou de celles que nous leur prêtons.

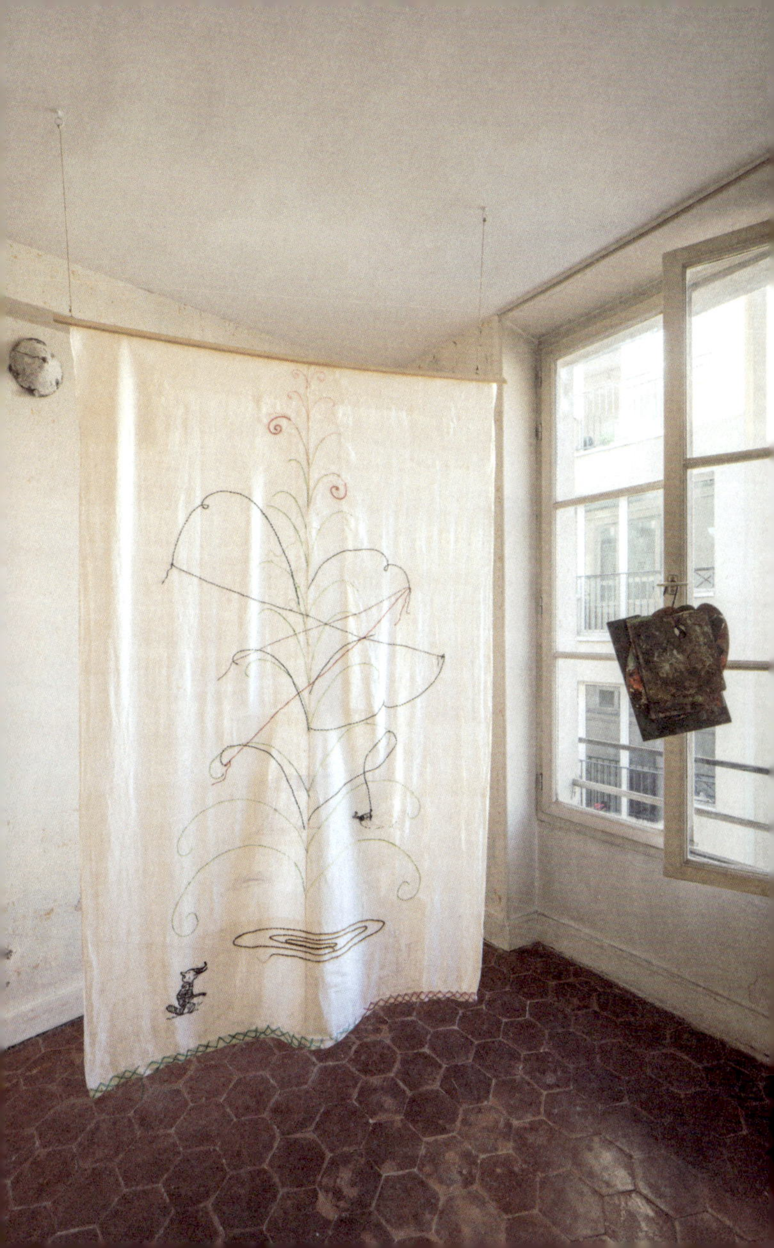

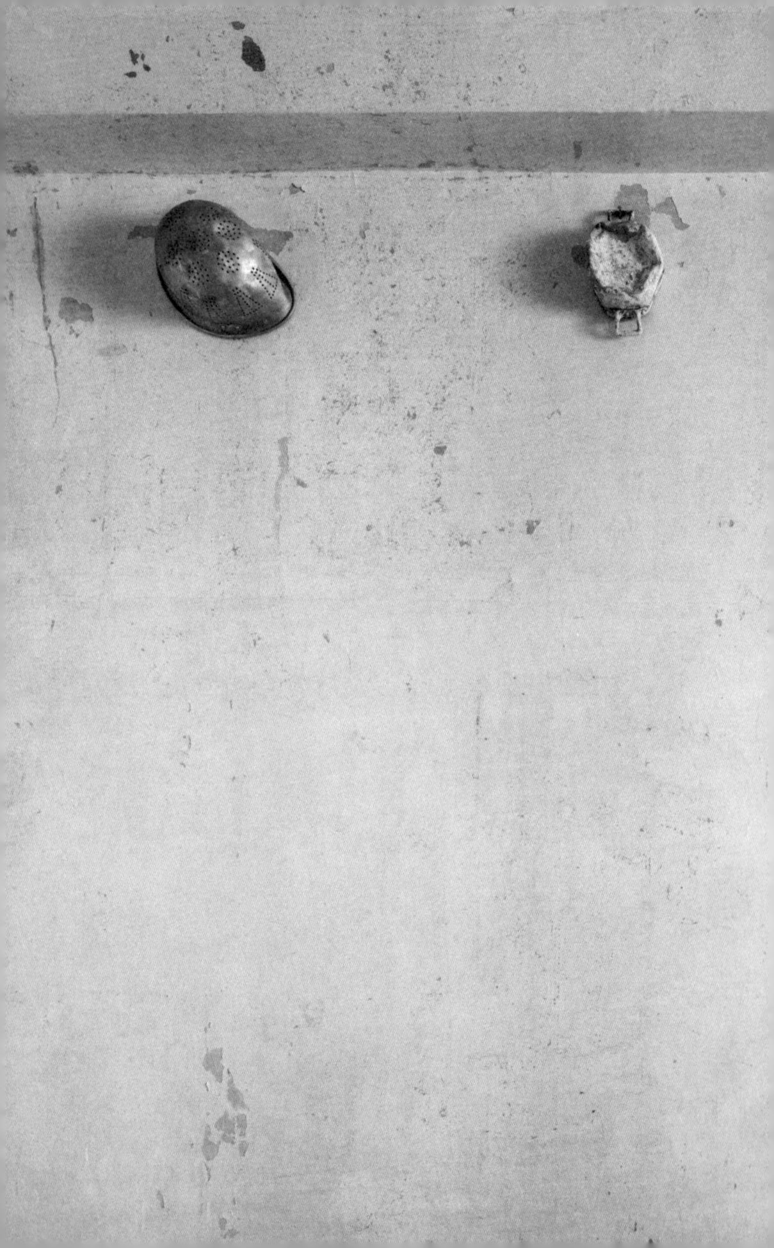

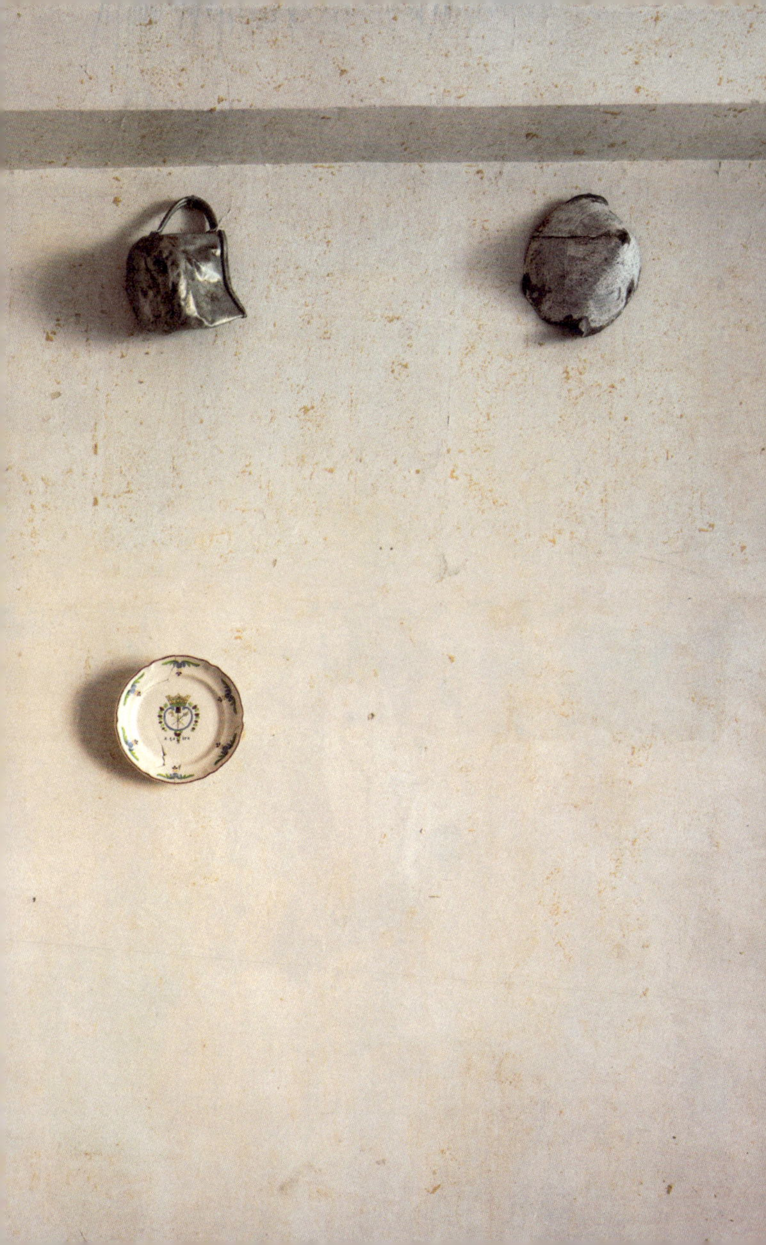

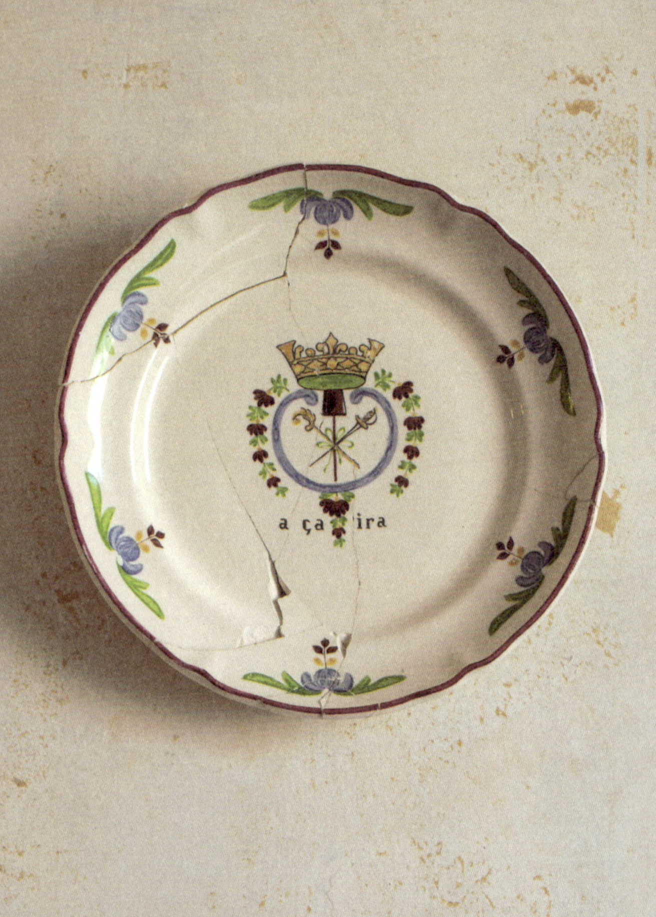
a ça ira

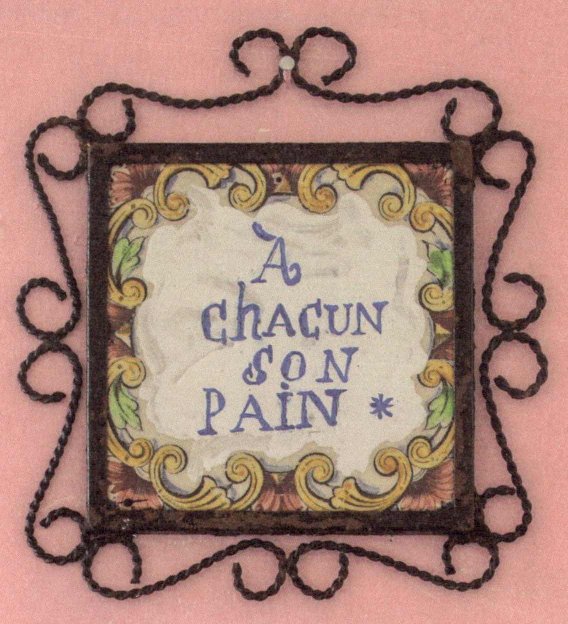

A
CHACUN
SON
PAIN *

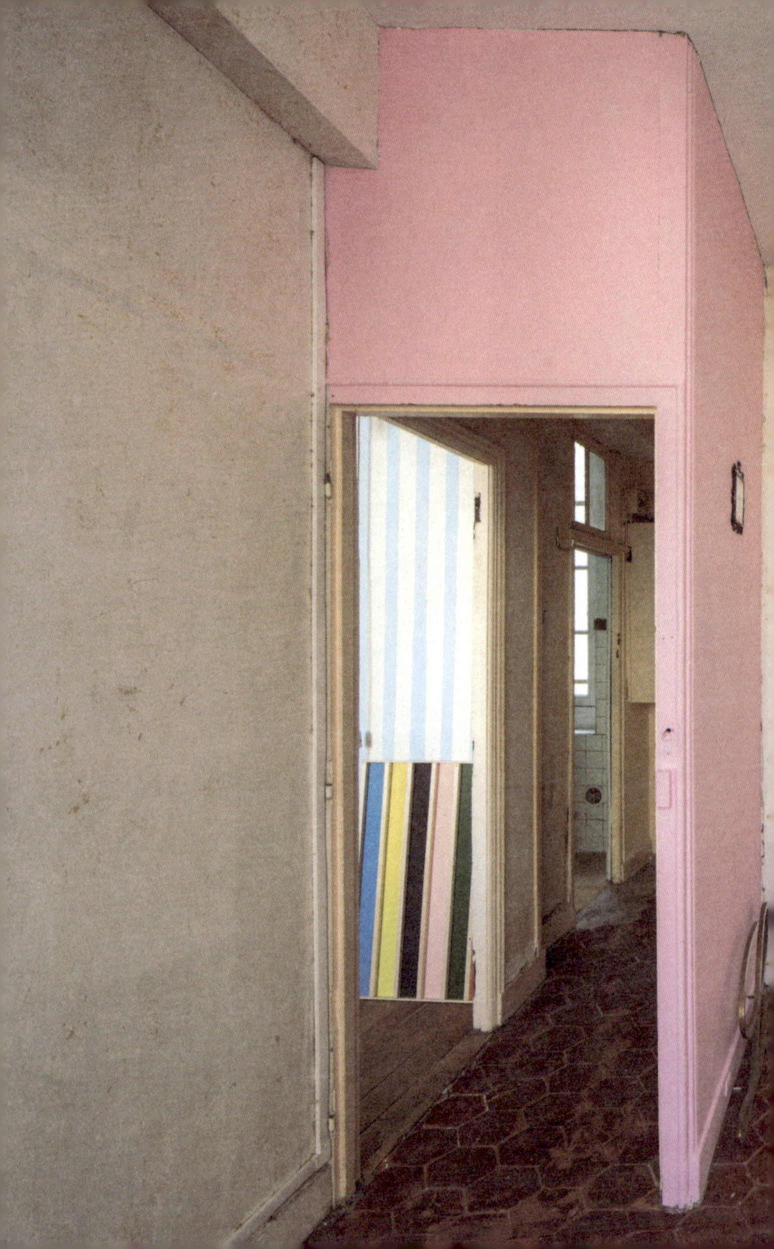

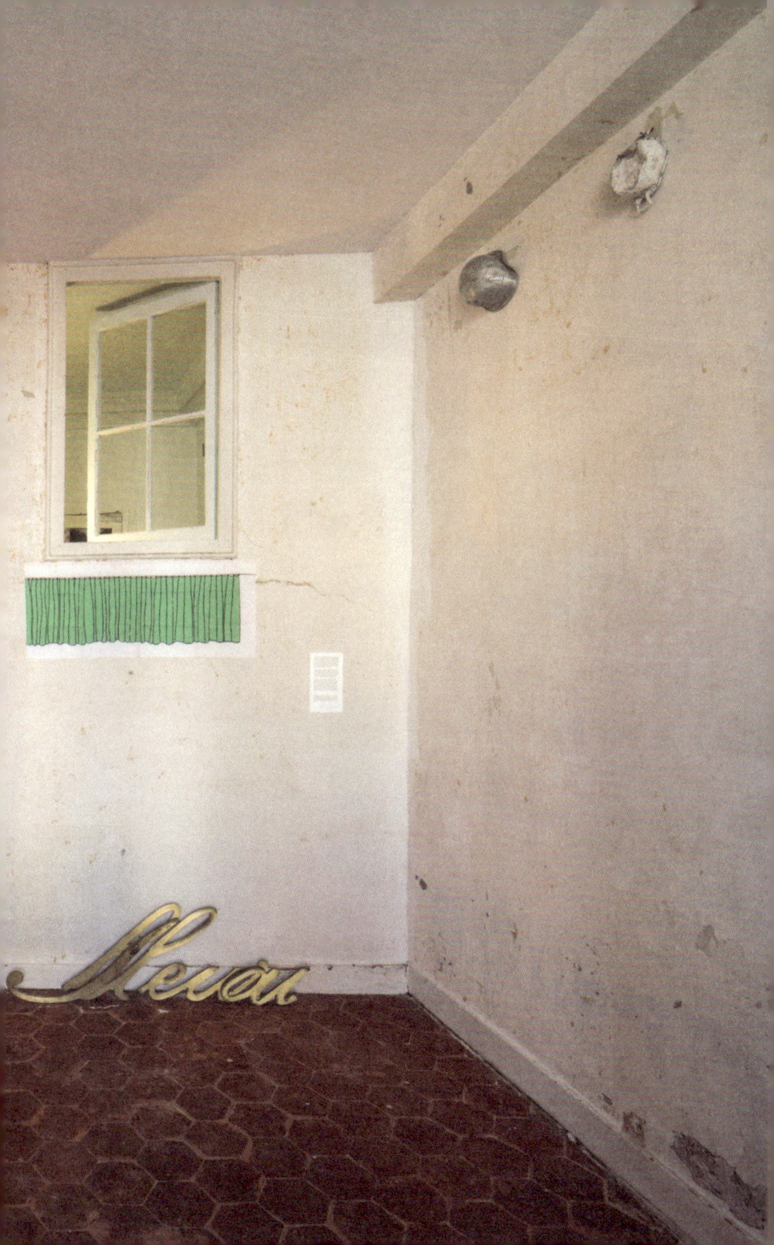

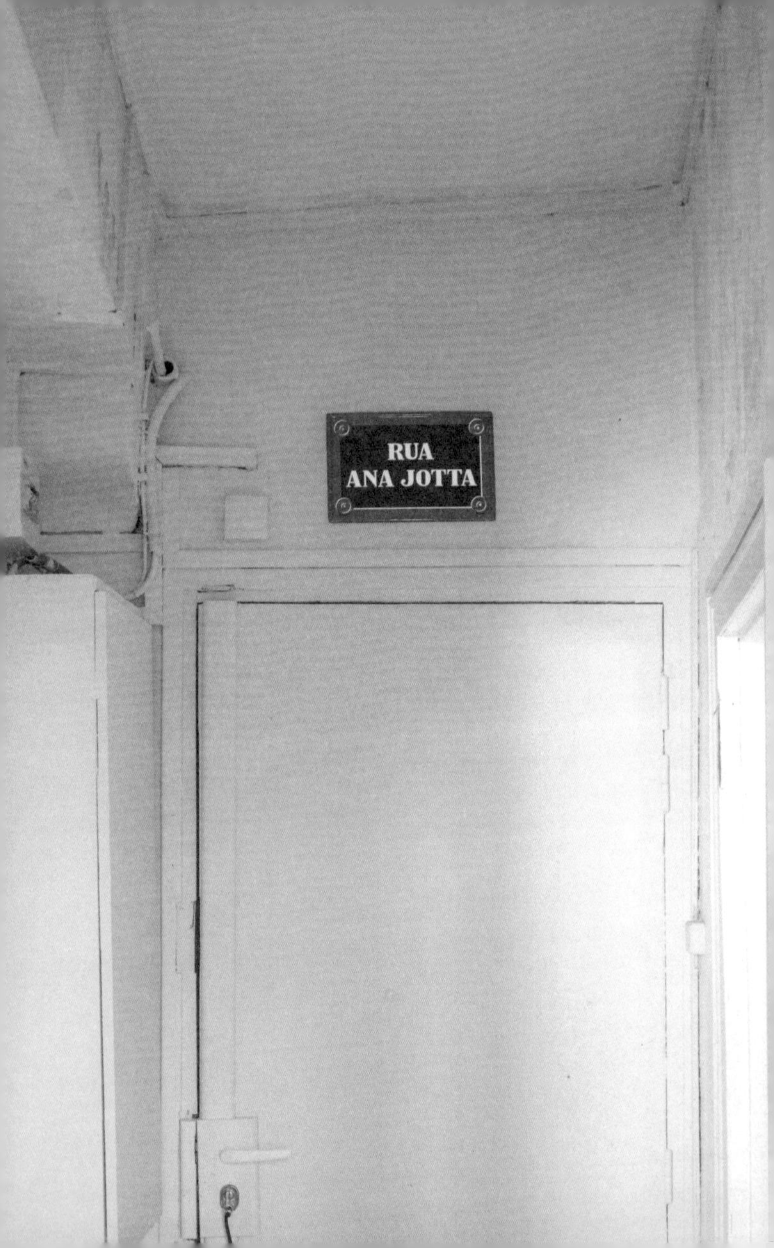
RUA
ANA JOTTA

« Je pense que l'art doit être vivable »

Entretien avec Ana Jotta par Clément Dirié

CD – Je vous présente souvent comme une collectionneuse, une glaneuse, une amatrice professionnelle. Comment vous définiriez-vous ?

AJ – Je n'ai pas très envie de me définir, ce qui ne veut pas dire que j'aime l'indéfinition. Je ne pense pas que ce soit tellement important de nommer ce que je fais. Ça appartient aux autres, aux gens qui apprécient mon travail et écrivent dessus, par exemple. Moi, je fais des choses pour voir.

CD – Y a-t-il un moment où vous vous êtes dit: « je suis une artiste » ?

AJ – Je suis née comme ça. Je n'y ai jamais pensé parce que cela a toujours été naturel. J'ai mené ma vie à mon gré, avec des hauts et des bas bien sûr, et, pour moi, la chose la plus importante, c'est de travailler. Alors oui, il y a une quarantaine d'années, quelques personnes m'ont introduite dans le monde de l'art, dans les galeries. Je me suis dit: « puisque c'est ainsi, il faut que ça roule». Et me voilà à faire des expositions, à produire des œuvres pour le marché de l'art. Mais je n'aime pas tellement ça. Ce qui me plaît le plus, c'est travailler à l'atelier, travailler à mon gré, aménager des espaces.

CD – Il y a un type de marché que vous aimez beaucoup, c'est le marché aux puces.

AJ – Ça oui! Je suis une glaneuse pour reprendre ce mot que vous avez utilisé. Je ne suis pas du tout une collectionneuse. Je n'ai pas la manie des allumettes, des œuvres ou d'autres choses spécifiques. En revanche, j'aime des choses très différentes et surtout les choses qui ont déjà vécu. Des choses âgées qui attendent, aux puces, d'être aimées.

CD – Pour le Festival d'Automne, vous ne vouliez pas exposer dans un centre d'art ni un musée, mais faire quelque chose dans un endroit «domestique».

AJ – Cette idée m'est vraiment tombée dessus. Je me suis réveillée un matin et, tout d'un coup, l'expression «Une chambre en ville» était là. Le souhait du Festival d'Automne de m'inviter vient en partie de l'exposition que j'ai faite en 2019 à la Casa São Roque de Porto, où j'avais montré des œuvres dans une maison très belle, vide, qui venait d'être restaurée. Au début, vous m'avez proposé d'investir des maisons d'écrivains ou d'artistes, mais j'ai tout de suite pensé: «c'est déjà occupé». Et je n'ai pas envie d'occuper les endroits des autres. Alors, je me suis endormie et *Une chambre en ville* est apparue. Le lien avec le film de Jacques Demy, sorti en 1982, n'est pas volontaire mais ce hasard me plaît. J'ai donc occupé une maison vide, qui a déjà une histoire, une histoire quelconque. Je n'aime pas vraiment les «espaces publics pour l'art». Je trouve qu'ils sont trop froids, trop blancs, des «sanatoriums» pour les œuvres. Ce n'est pas vraiment réel. Il faut que ce soit un peu plus comme la vie. Pourquoi toujours montrer les choses d'une façon si violente, irréelle?

CD – Qu'est-ce qui vous plaît dans cette idée d'aménager un espace?

AJ – J'ai fait beaucoup de décors dans ma vie. J'ai même eu une courte carrière de décoratrice de cinéma, d'actrice et de scénographe pour le théâtre. J'aime installer, non pas dans le sens artistique d'installation, mais comme ce que chacun fait chez soi, avec ses livres, en plaçant ses objets les uns par rapport aux autres. J'aime beaucoup les arts décoratifs, ces arts qu'on appelait «mineurs» pour les opposer aux arts majeurs. C'est dommage, cette catégorisation. Avec *Une chambre en ville*, il ne s'agit pas de reproduire une maison, avec une cuisine, une salle de bains, etc., mais plutôt de transformer un appartement en une galerie qui me convient, un espace tranquille, plus à l'aise pour vivre et montrer de l'art. Je pense que l'art doit être vivable.

CD – Tout à l'heure, quand vous avez dit que vous ne collectionniez pas, ce n'est pas tout à fait vrai. Vous collectionnez une chose: les «J».

AJ – C'est vrai. C'est peut-être la seule chose qui me définit vraiment. Je joue avec ce nom de famille avec lequel je suis née. Chaque fois que j'achète quelque chose et qu'il me faut un reçu, on me demande mon nom et je dis «Ana Jotta». On me regarde et on me dit: «Jotta quoi?» [En portugais, ce son est celui de la consonne «J».] Ça a commencé comme ça, très simplement. Ensuite, quand j'ai commencé à travailler avec des galeries et qu'il fallait rassurer le marché avec une signature, j'ai signé «J», comme le copyright ©. Tous mes amis m'envoient maintenant des J, des objets, des images. C'est une vraie collection et c'est très amusant. Le J, c'est quelque chose qui fléchit mais ne rompt pas. C'est bien, non?

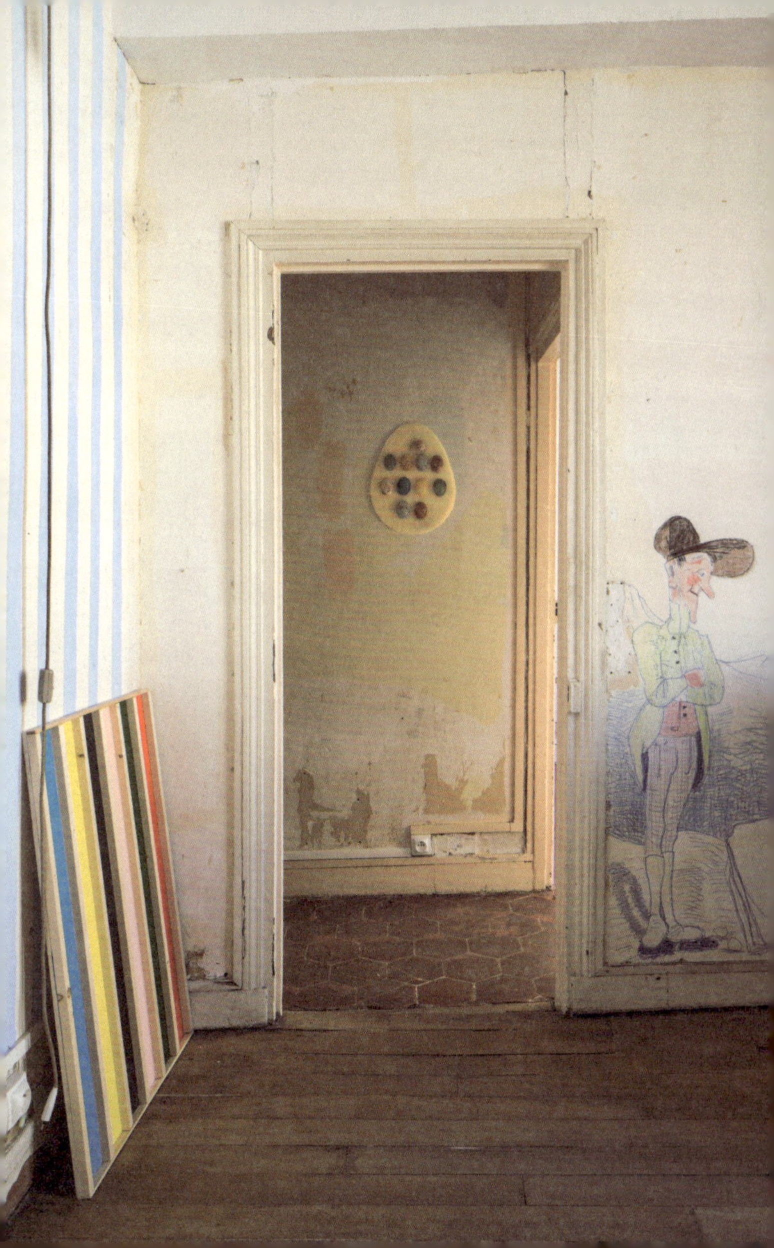

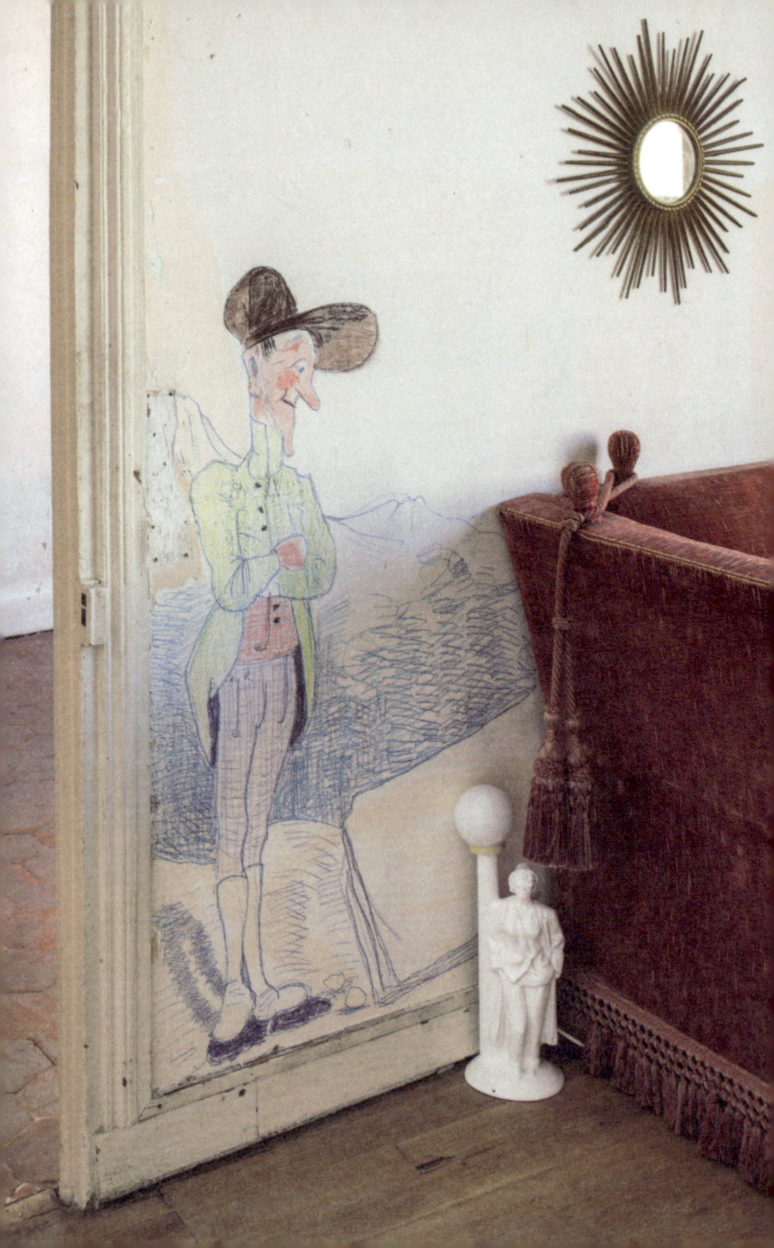

CD – Ce que j'apprécie dans votre pratique, c'est que vous n'avez pas besoin d'avoir des expositions, des projets pour créer. Dans l'exposition *A comme encre*, nous montrons tous les imprimés que vous faites pour d'autres mais aussi pour vous, des cartes de visite, des posters, etc. Vous en avez réalisés beaucoup. Ce qui vous caractérise le plus, je crois, c'est que vous êtes votre propre maître.

AJ – Ma liberté, c'est très important. Les cartes de visite, les posters, les livres, je les adore. Ce sont des objets magnifiques. J'ai récemment conçu les couvertures d'une nouvelle maison d'édition portugaise et j'aime beaucoup ce type de travail, un travail presque «inconnu». J'adore imaginer des livres d'artistes, les caractères, le papier.

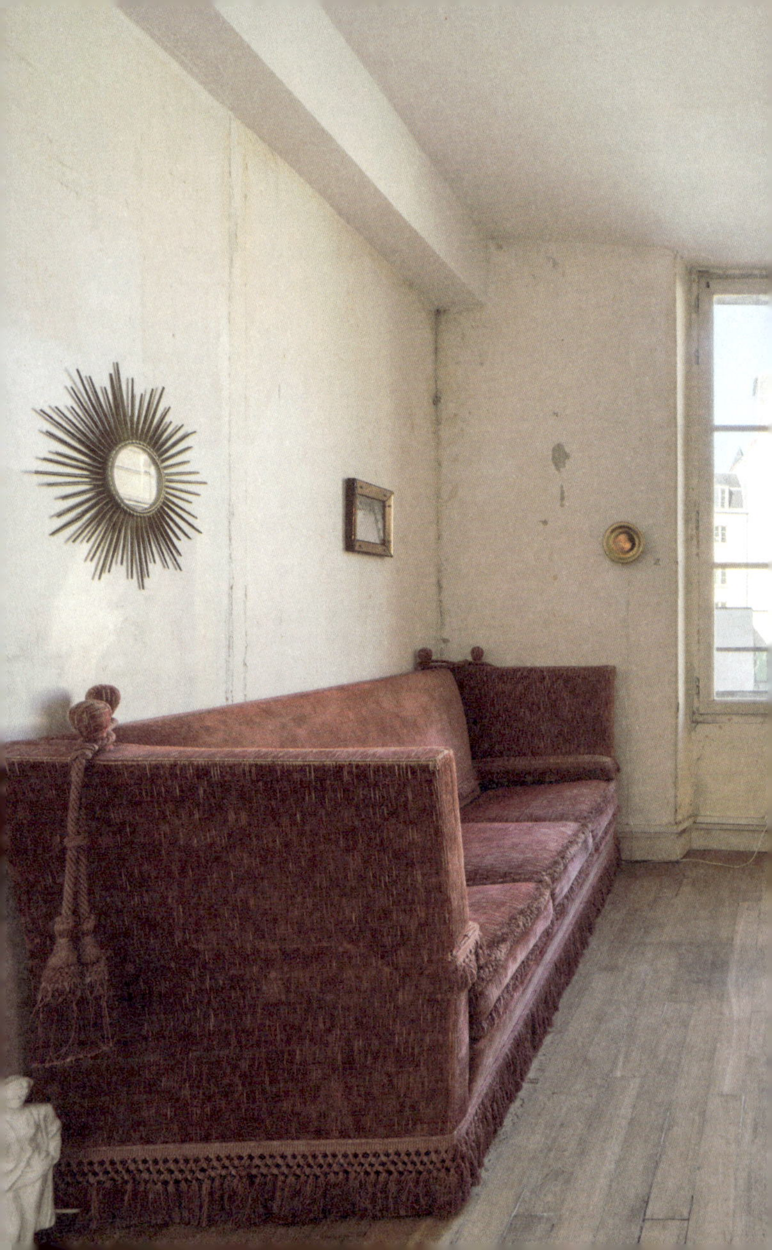

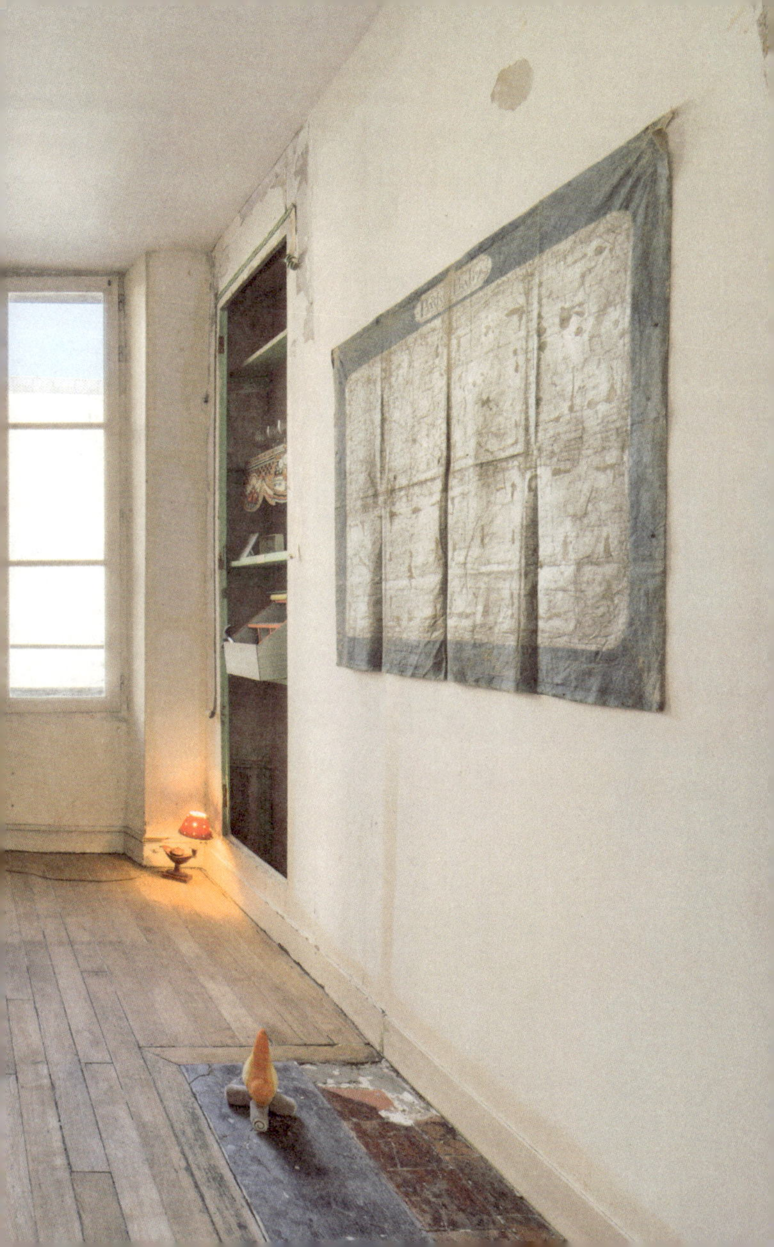

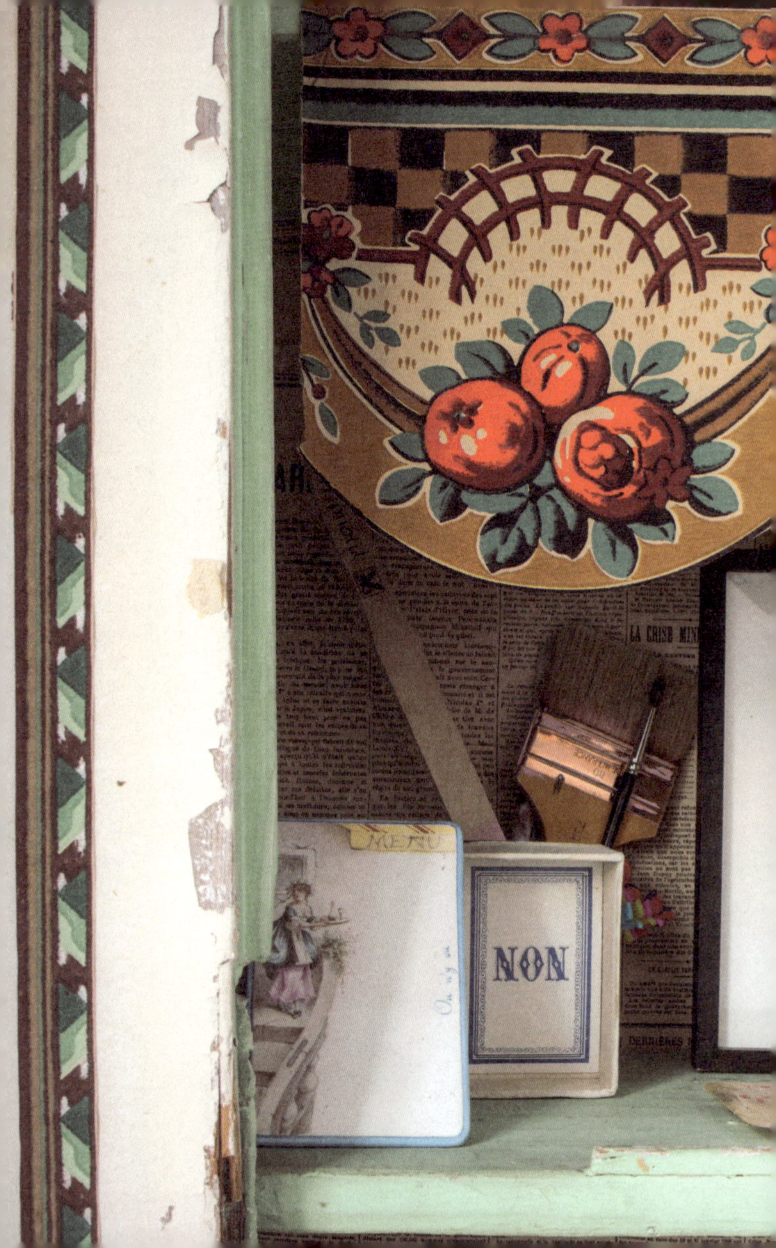
MENU
NON
LA CRISE MIN
DERNIÈRES

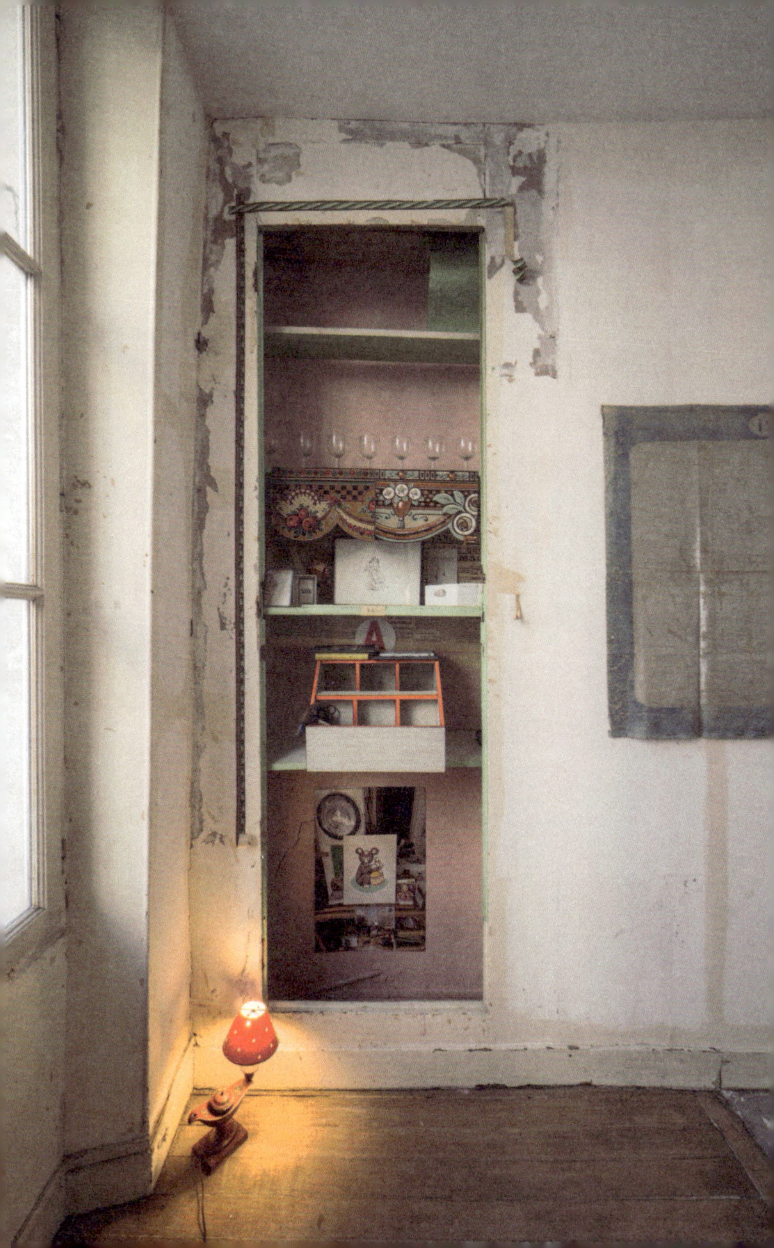

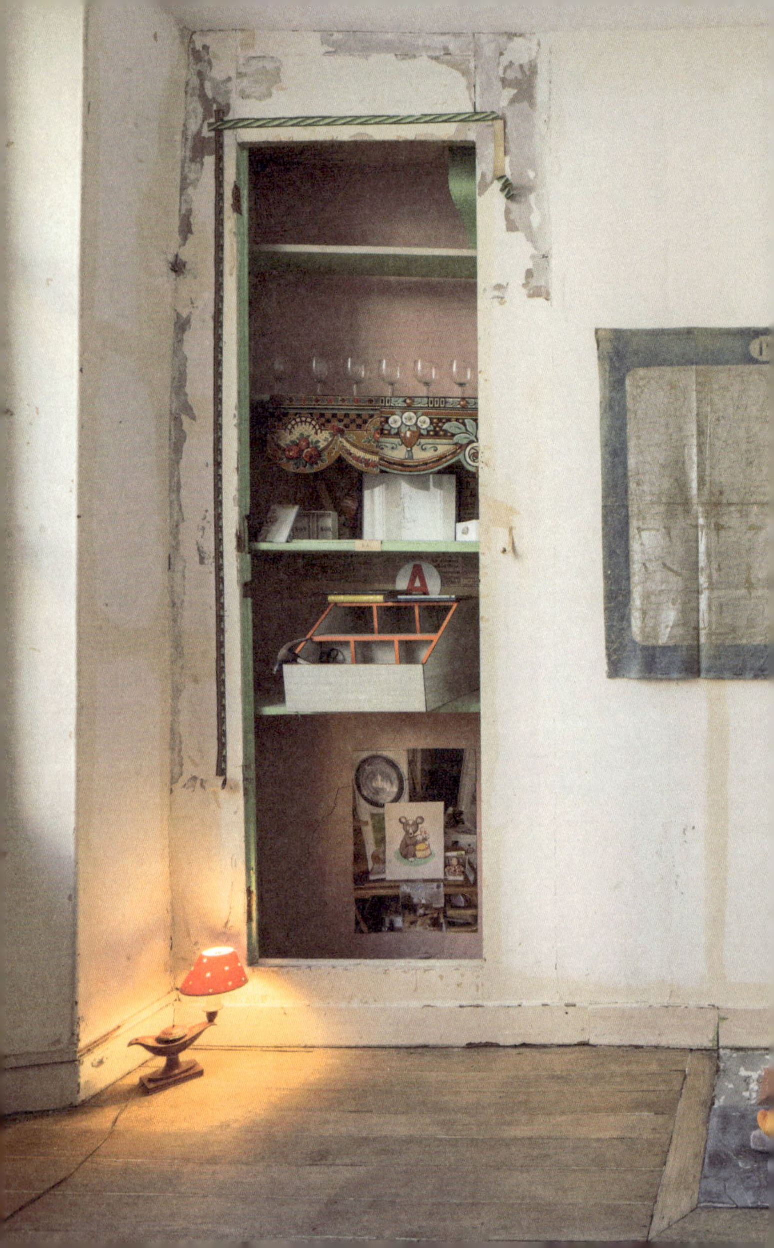

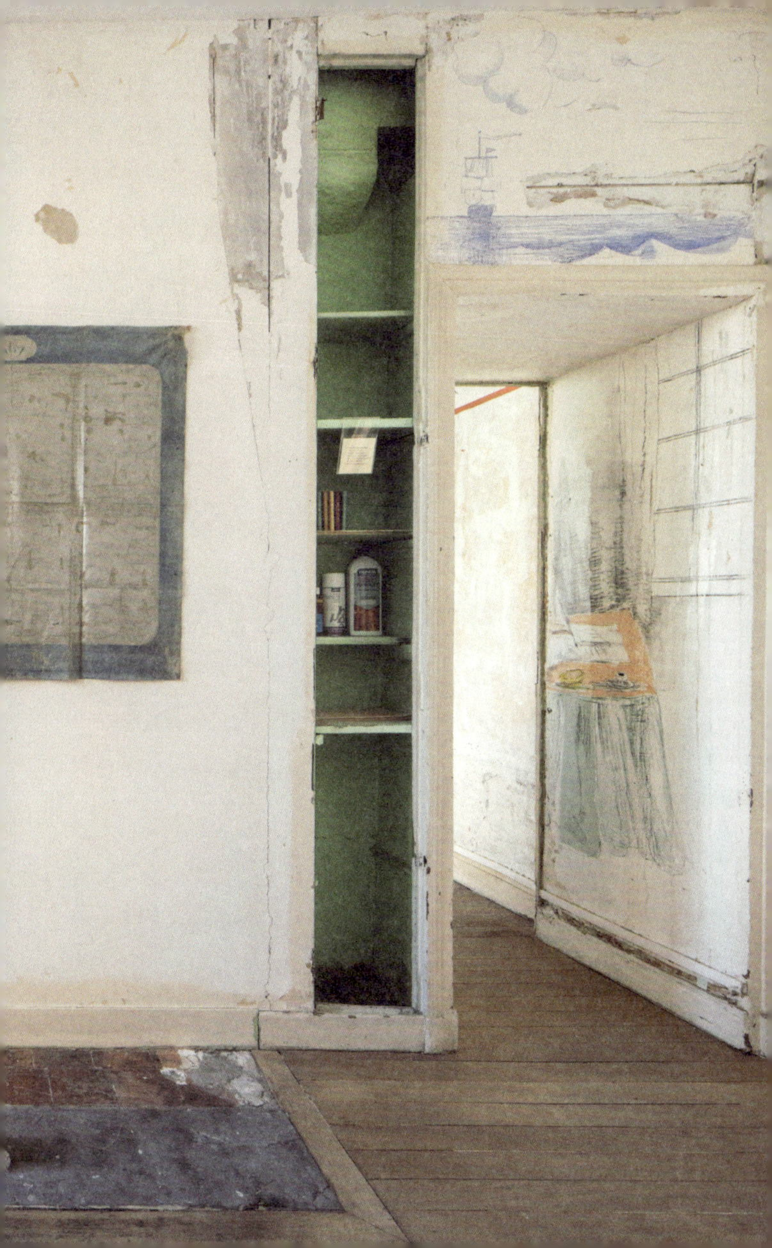

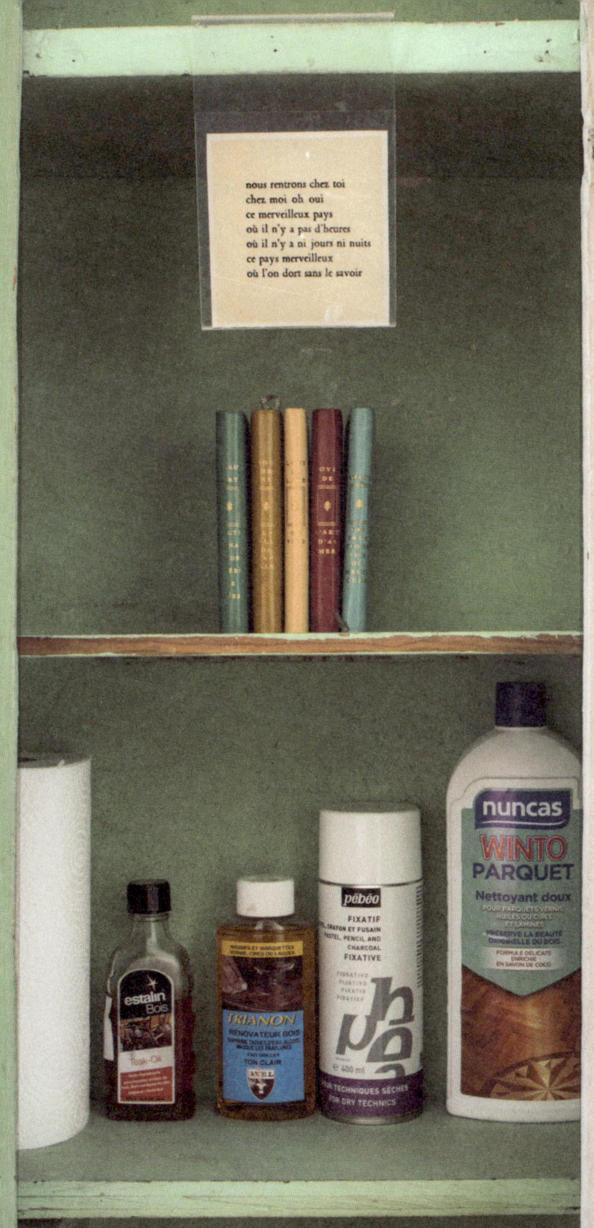

nous rentrons chez toi
chez moi oh oui
ce merveilleux pays
où il n'y a pas d'heures
où il n'y a ni jours ni nuits
ce pays merveilleux
où l'on dort sans le savoir

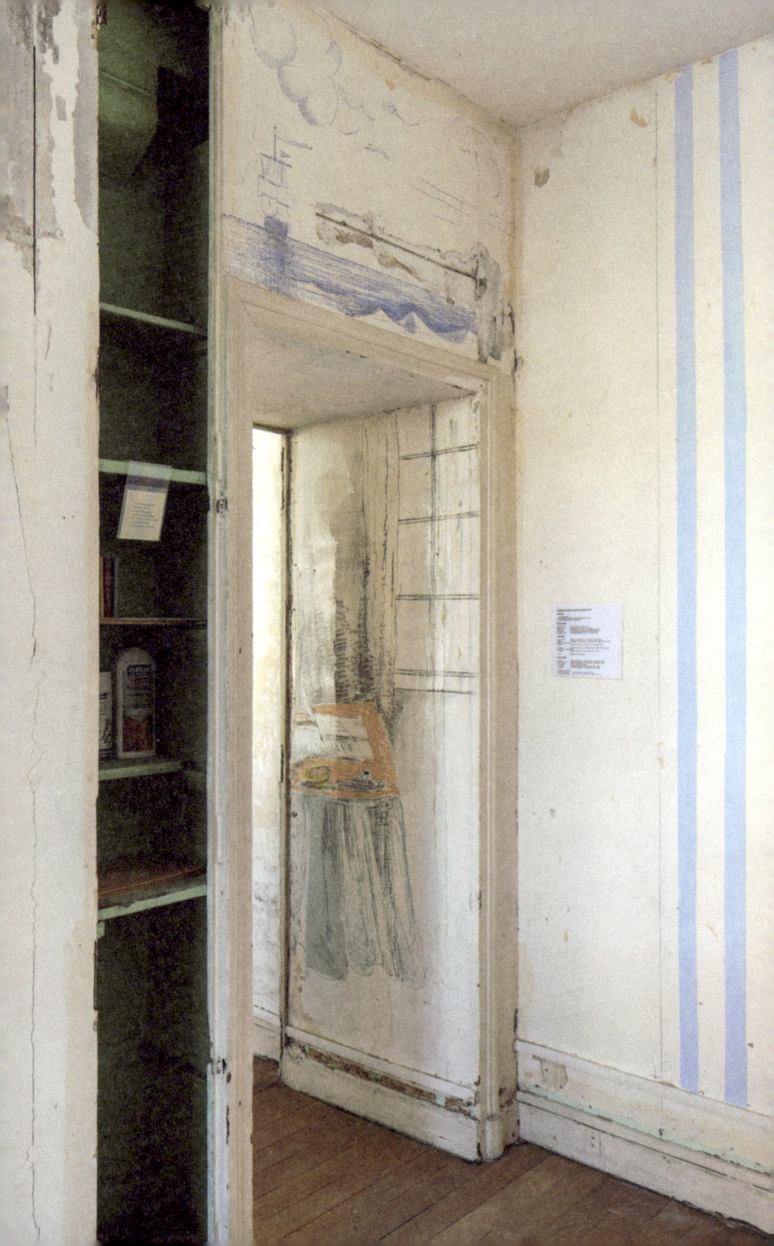

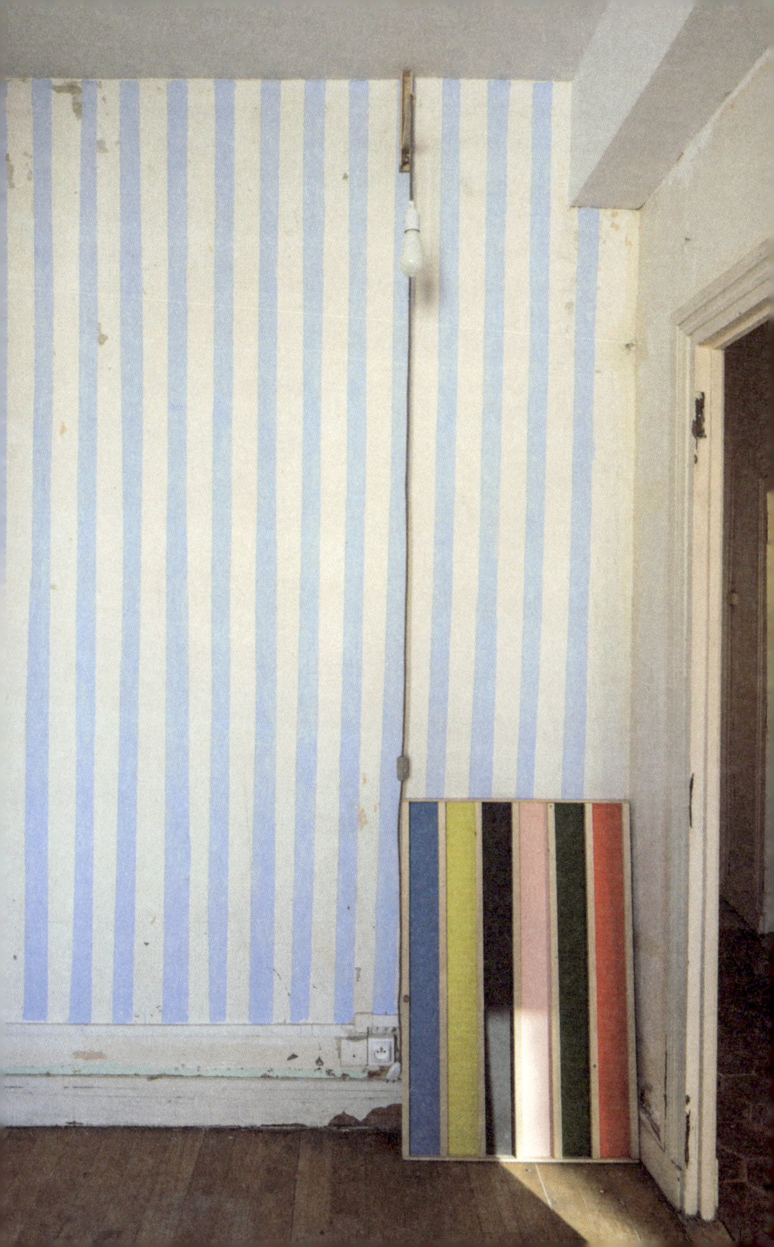

« J'aimais les peintures idiotes, dessus de portes, décors, toiles de saltimbanques, enseignes, enluminures populaires ; la littérature démodée, latin d'église, livres érotiques sans orthographe, romans de nos aïeules, contes de fées, petits livres d'enfance, opéras vieux, refrains niais, rythmes naïfs. »

Arthur Rimbaud, *Une saison en enfer*, « Délires II. Alchimie du verbe », 1873

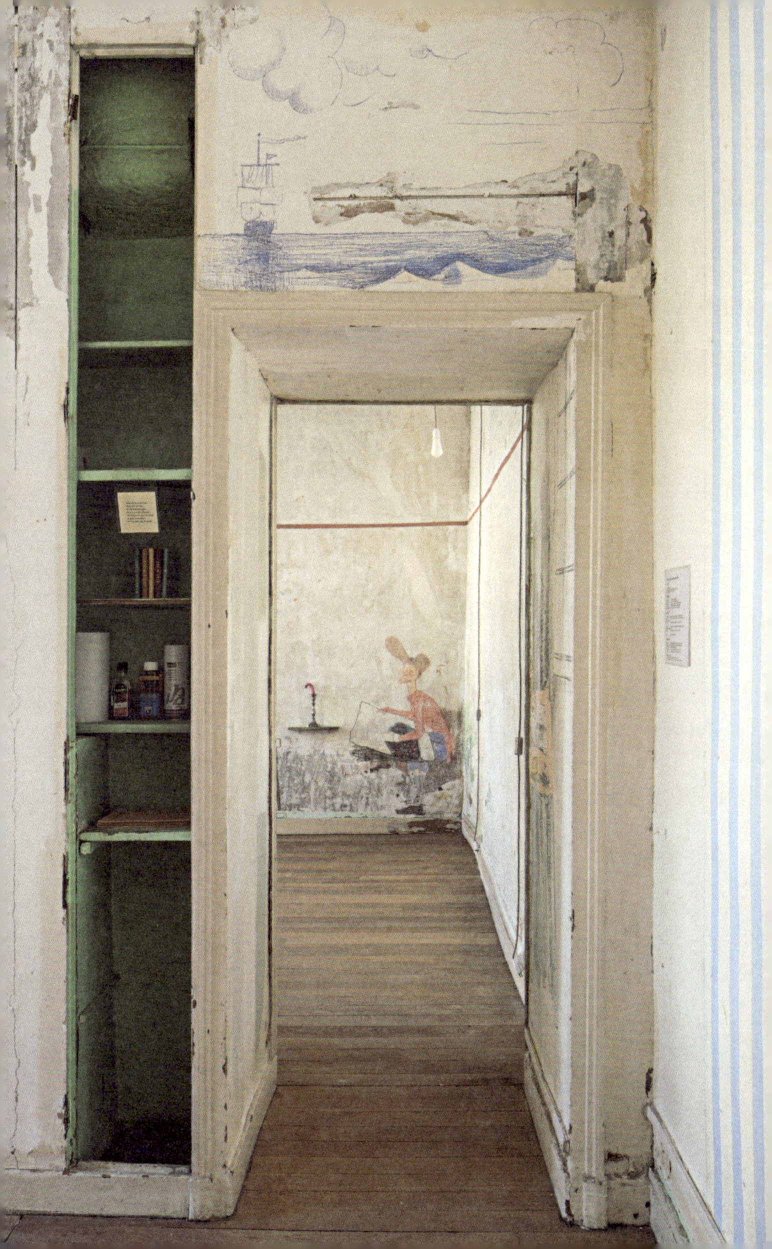

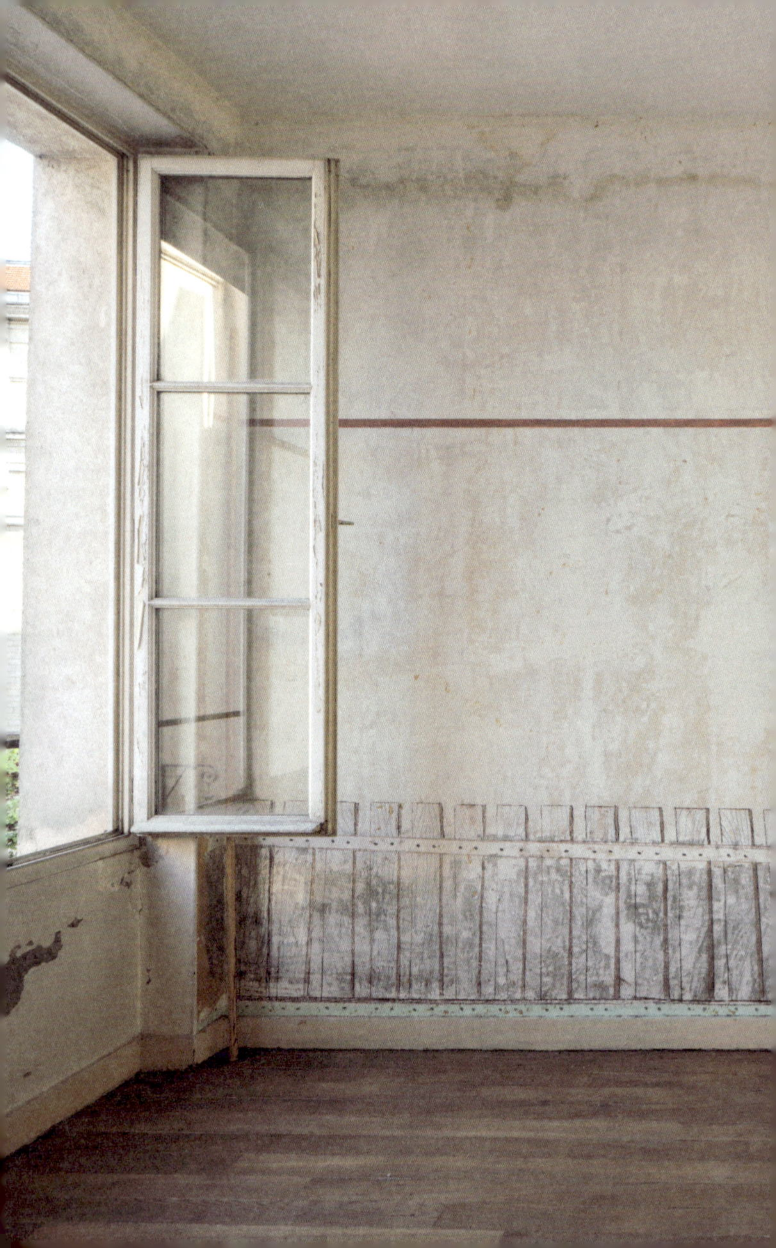

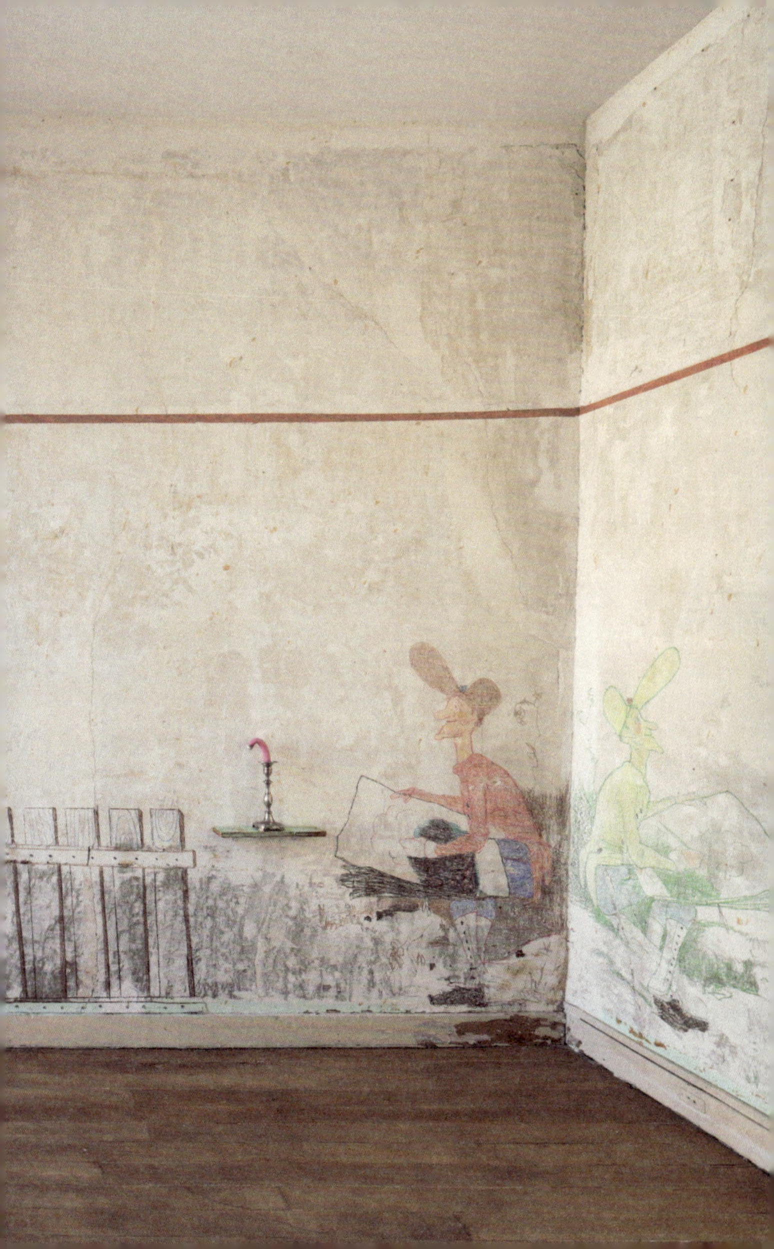

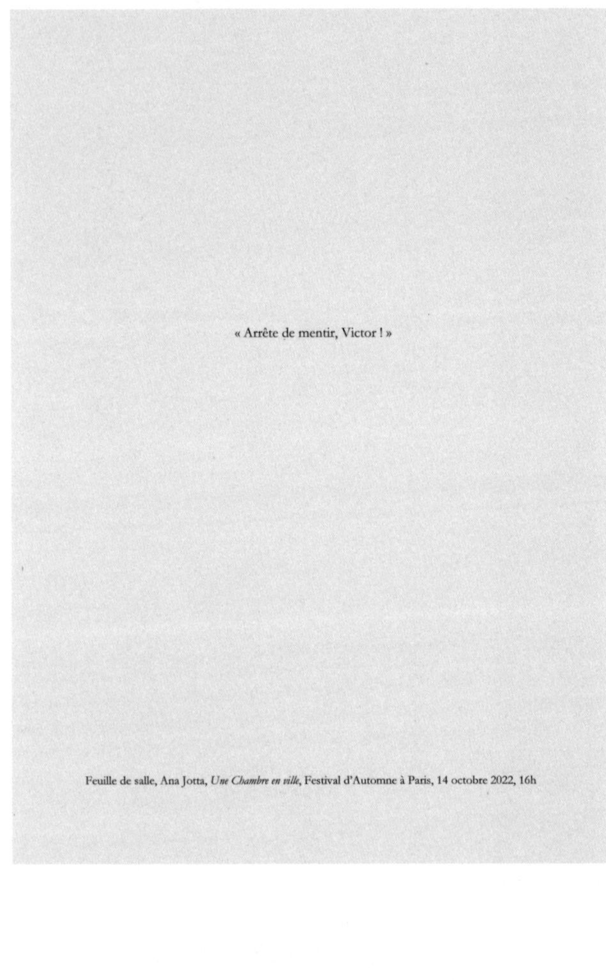

Feuille de salle d'Ana Jotta pour *Une chambre en ville*, 2022

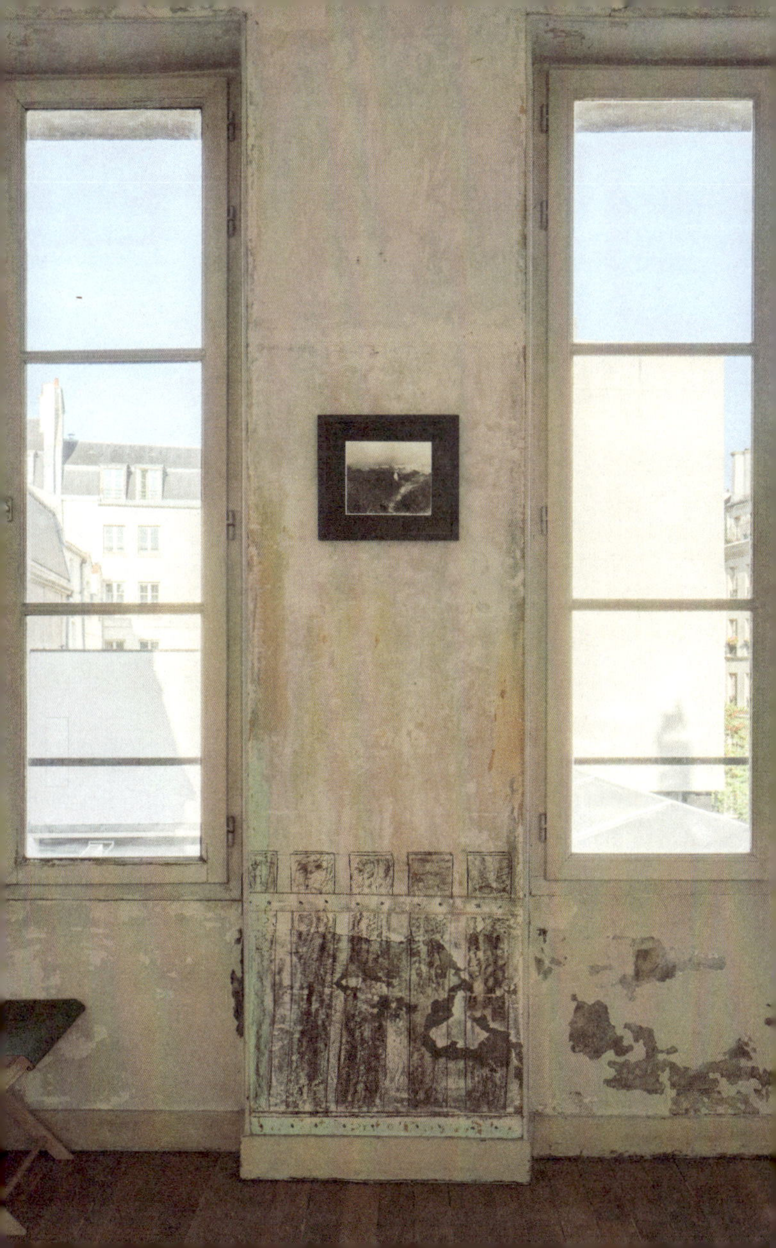

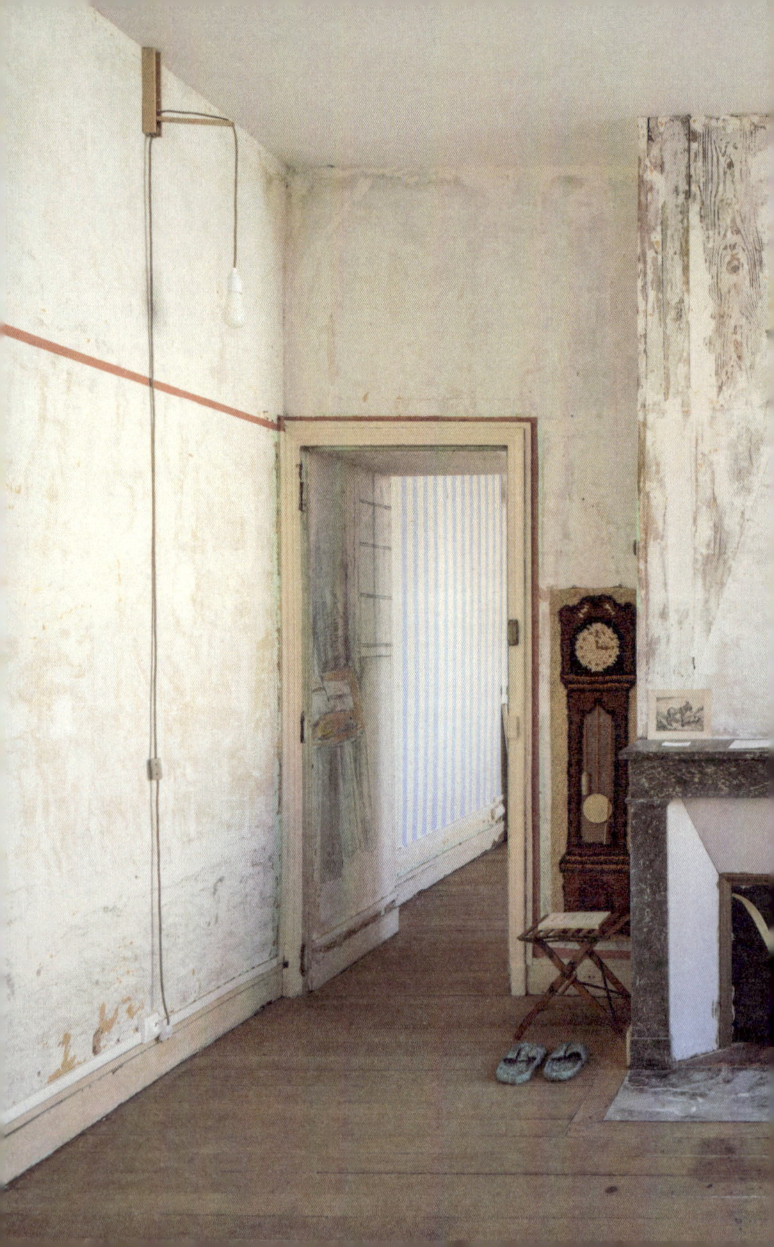

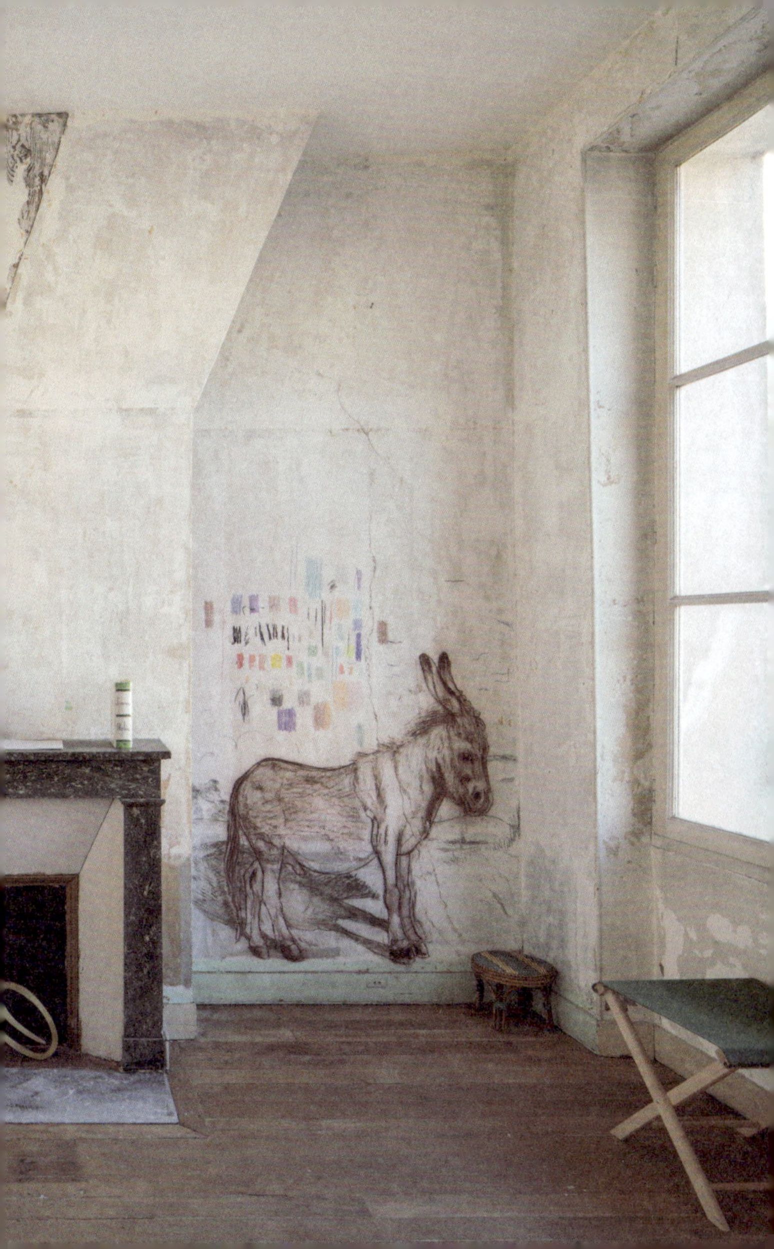

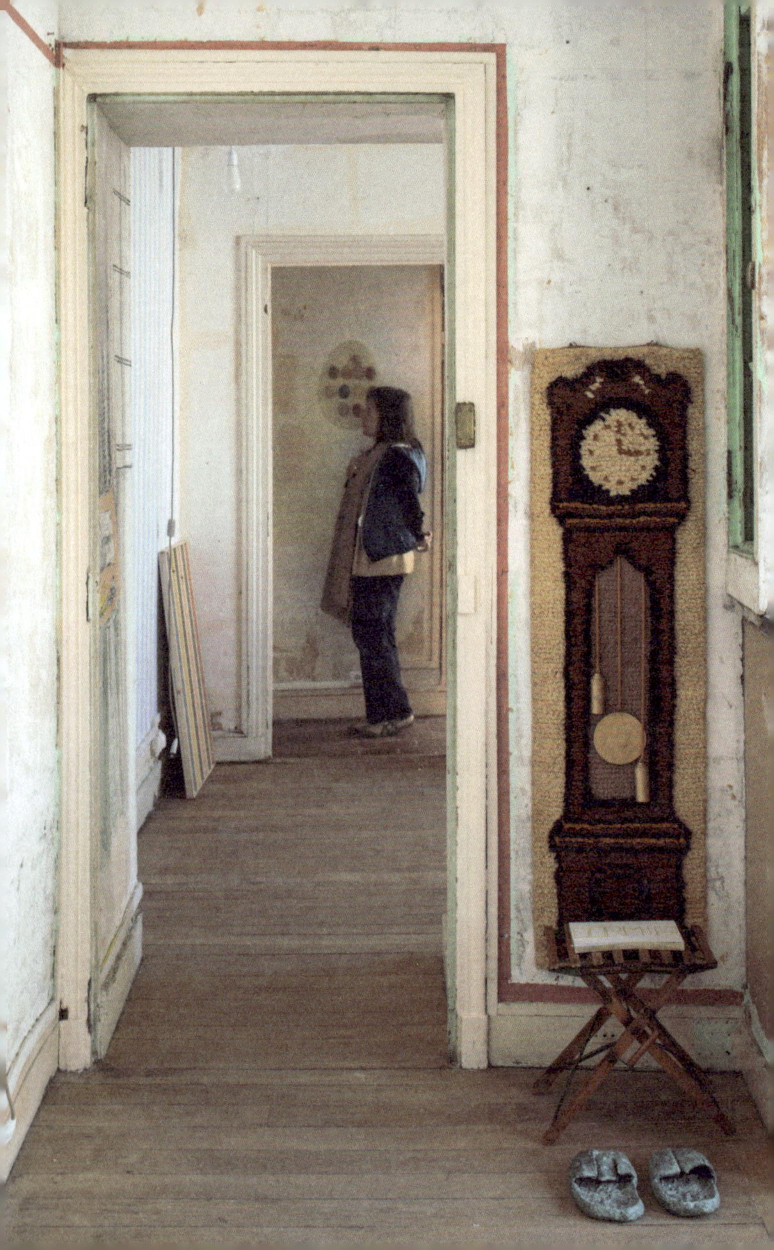

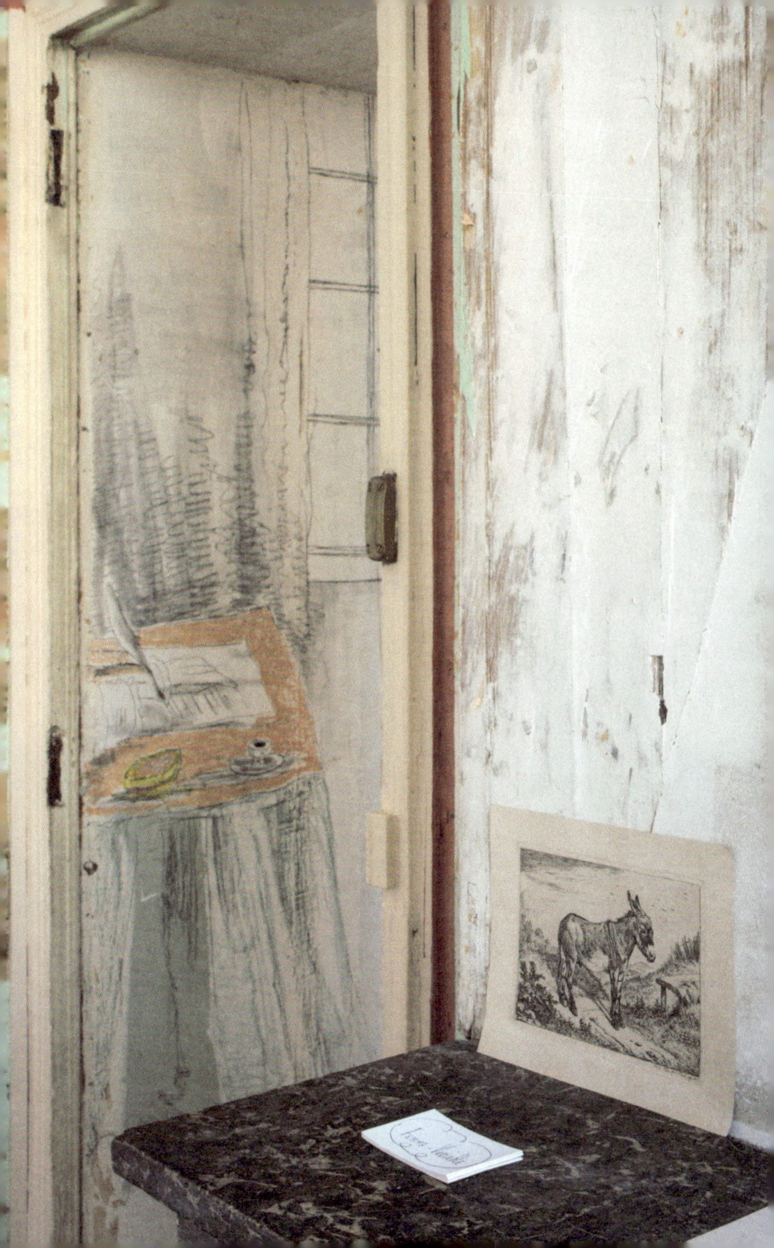

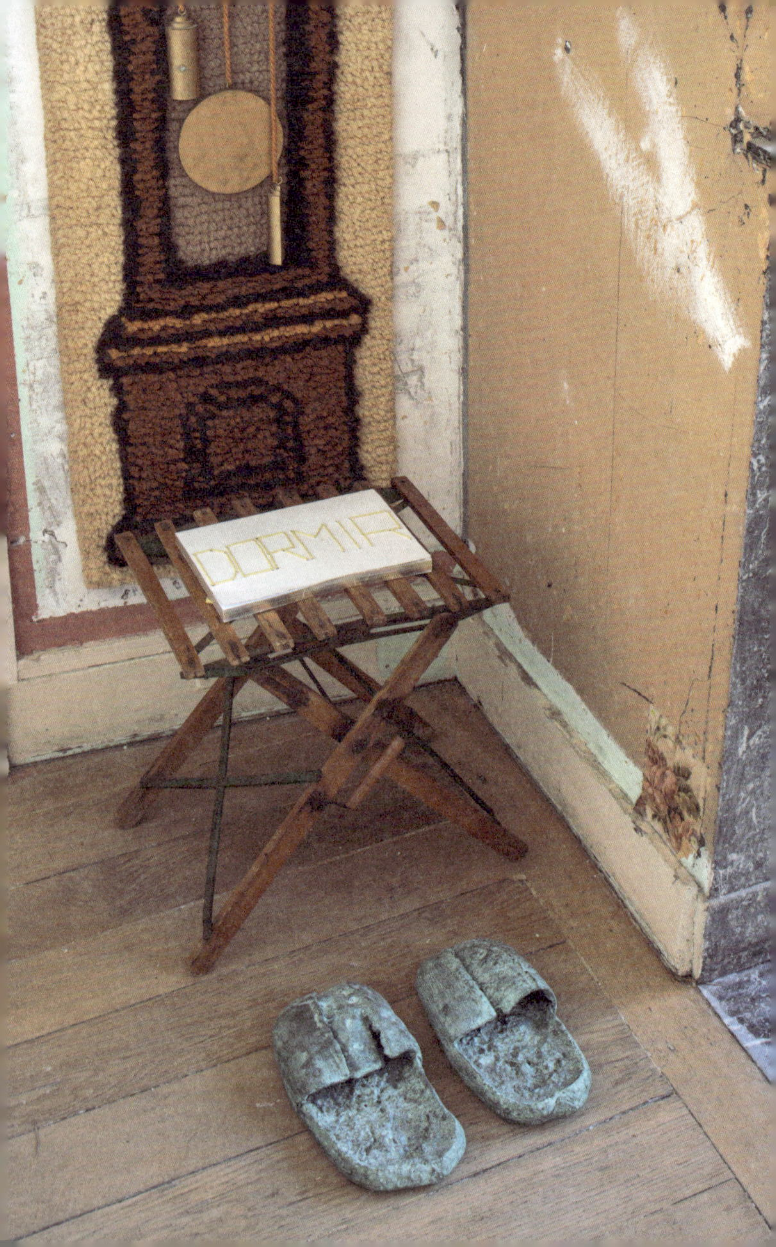

DORMIR

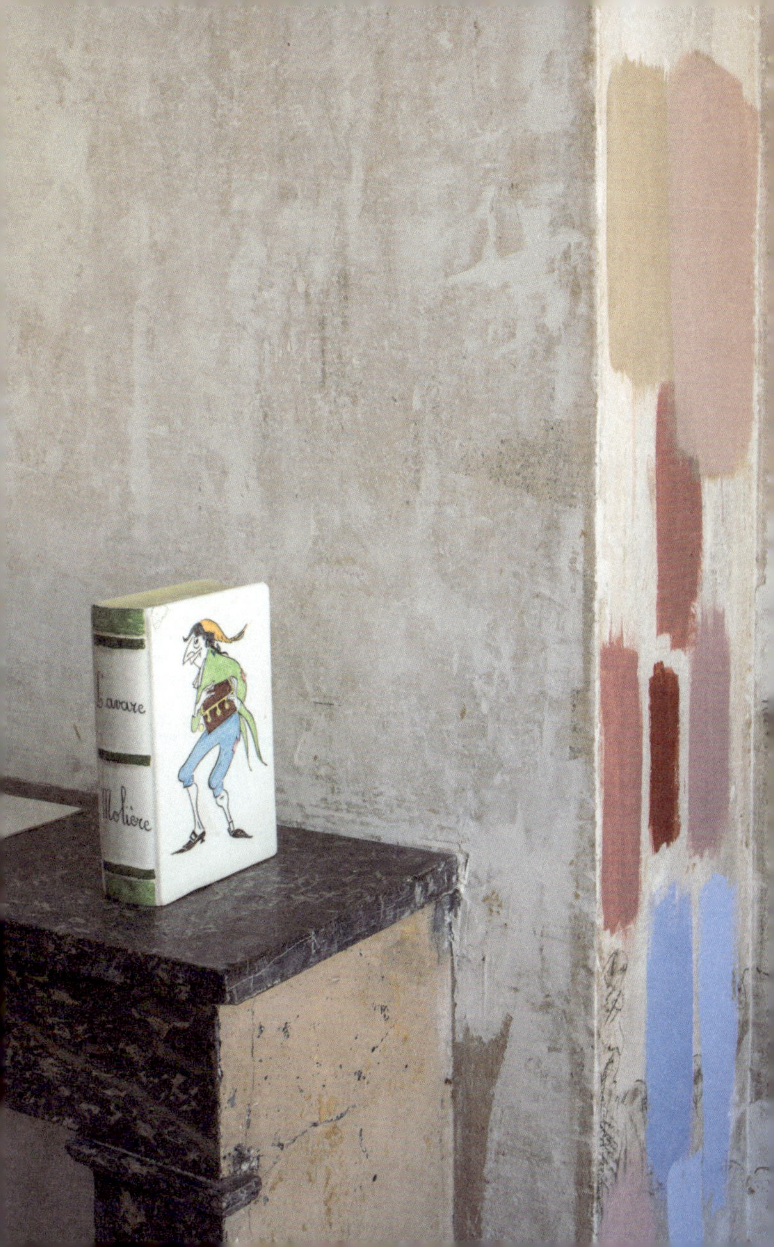
Lavare
Molière

Cet ouvrage paraît à l'occasion des expositions *Une chambre en ville* et *A comme encre* d'Ana Jotta, présentées par le Festival d'Automne à Paris, à l'occasion de sa 51ᵉ édition, du 7 octobre au 27 novembre 2022.

A comme encre, Immanence:
7 octobre-13 novembre 2022
Une chambre en ville,
Cité internationale des arts,
14 octobre-27 novembre 2022

Commissaire des expositions
CLÉMENT DIRIÉ

FESTIVAL D'AUTOMNE À PARIS

Présidente
SYLVIE HUBAC

Président des Amis du Festival
d'Automne à Paris
JEAN-JACQUES AILLAGON

Directeur général
EMMANUEL DEMARCY-MOTA

Une chambre en ville et *A comme encre* est une production du Festival d'Automne à Paris, en collaboration avec la Cité internationale des arts et le centre d'art Immanence. Elle a reçu le soutien de Sylvie Winckler, de la Fondation Gulbenkian –Délégation en France. Manifestation organisée dans le cadre de la Saison France-Portugal 2022 avec le soutien de LVMH, membre du Comité des mécènes de la Saison.

Remerciements
BÉNÉDICTE ALLIOT, CITÉ INTER-NATIONALE DES ARTS, MARIE COLLIN, STÉPHANIE COTTIN, LE CRÉDAC, SILVIA DAUDER, ALICE DUSAPIN, CORNELIA GRASSI, IMMANENCE, KRAZY & IGNATZ, PIERRE LEGUILLON, MAIO, MIGUEL NABINHO, NATAŠA PETREŠIN-BACHELEZ, RICARDO VALENTIM, MIGUEL WANDSCHNEIDER

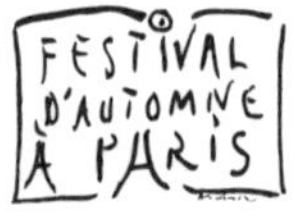

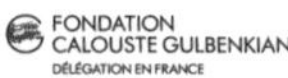

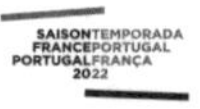

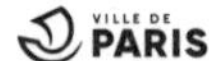

Publication

Éditeur
CLÉMENT DIRIÉ

Graphisme
NICOLAS LEUBA, NICOLAS BOLAY

Photogravure & Impression
MUSUMECI S.P.A., Quart (Aoste)

Caractère typographique
HERMES (www.optimo.ch)

Crédits photographiques
MARTIN ARGYROGLO

Page 4 : note d'intention d'Ana Jotta
pour *Une chambre en ville*, avril 2022
Page 72 : image conçue par Ana
Jotta pour la couverture du Festival
d'Automne à Paris, 2022
Photographie prise dans la cuisine
de l'artiste, Lisbonne

Fabriqué en Europe
ISBN 978-3-03764-604-5

Publié par

JRP|Editions
Rue des Bains 39
CH–1205 Genève

En coédition avec
Festival d'Automne à Paris
156, rue de Rivoli
FR–75001 Paris
www.festival-automne.com

Les titres publiés par JRP|Editions
sont disponibles dans le réseau
international de librairies
spécialisées et sont distribués par
les partenaires suivants:

SUISSE
AVA Verlagsauslieferung AG
www.ava.ch

ALLEMAGNE ET AUTRICHE
Par JRP|Editions

FRANCE
Les presses du réel
www.lespressesdureel.com

ANGLETERRE ET EUROPE
Cornerhouse Publications HOME
www.cornerhousepublications.org

ÉTATS-UNIS, CANADA, ASIE ET
AUSTRALIE
ARTBOOK|D.A.P.
www.artbook.com

Pour obtenir une liste de nos
librairies-partenaires dans le monde
ou pour toute autre question,
contactez JRP|Editions directement:
info@jrp-editions.com, ou visitez
notre site Internet www.jrp-editions.
com pour plus d'informations sur
la maison d'édition et le programme
éditorial.

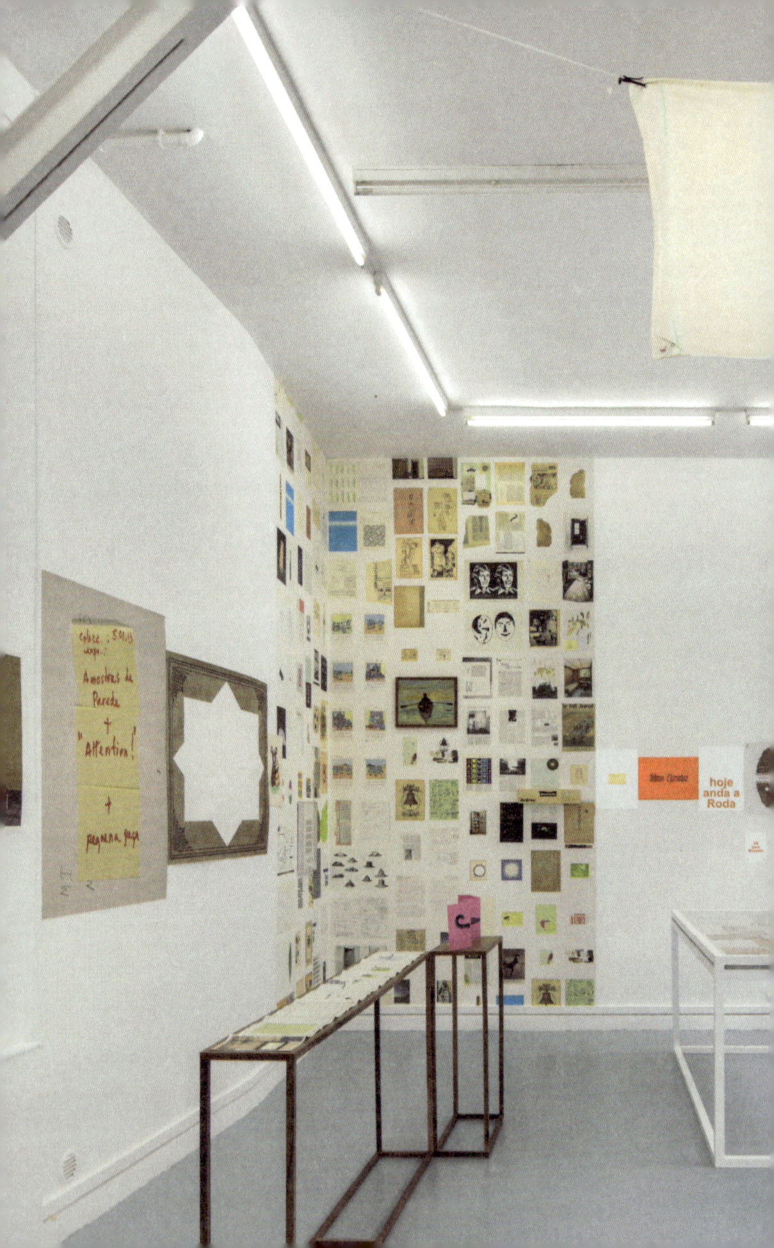

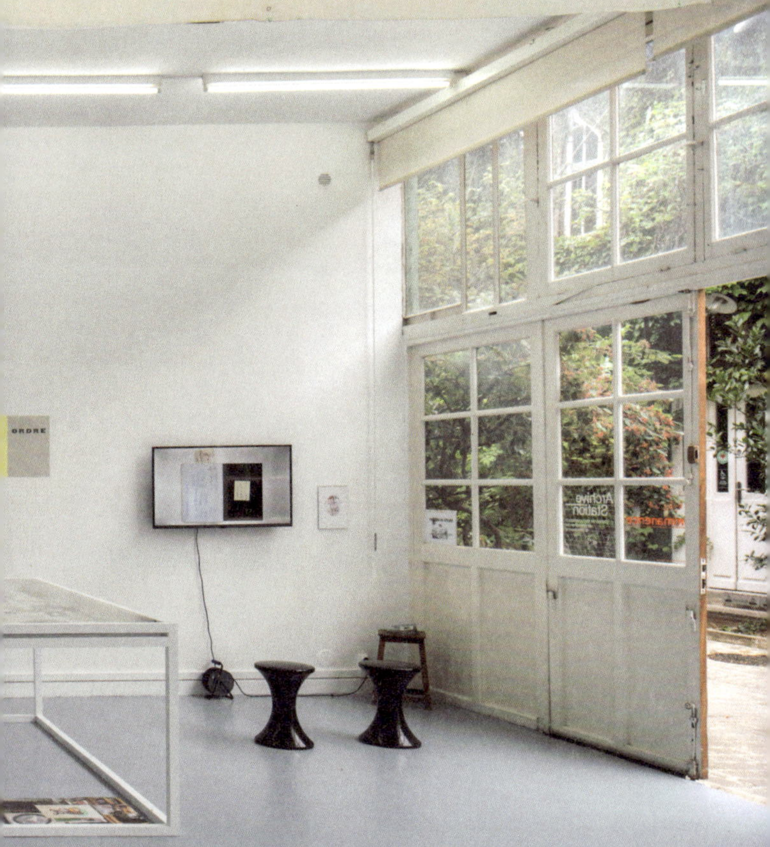
QUE SAIS-JE ?
ORDRE
Archive
Station

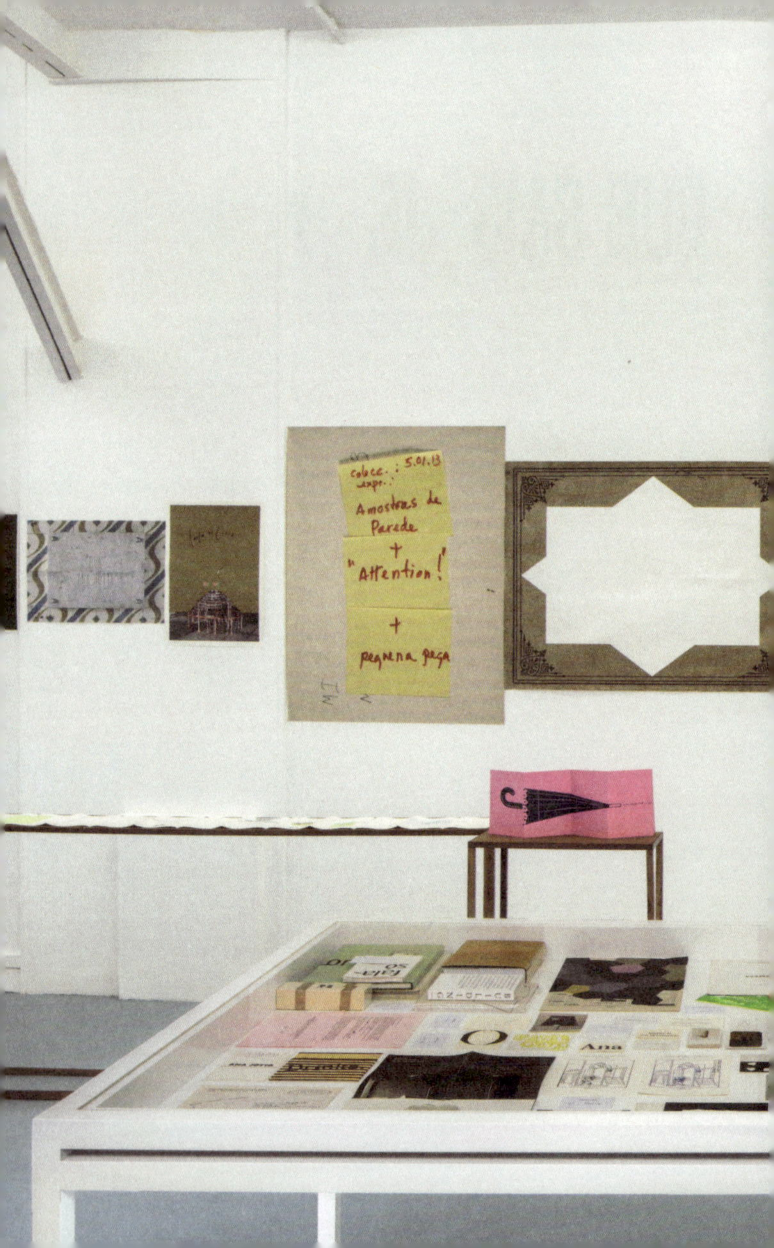

coloce.: 5.01.13
expo.:
Amostras de
Parede
+
" Attention!
+
pequena peça

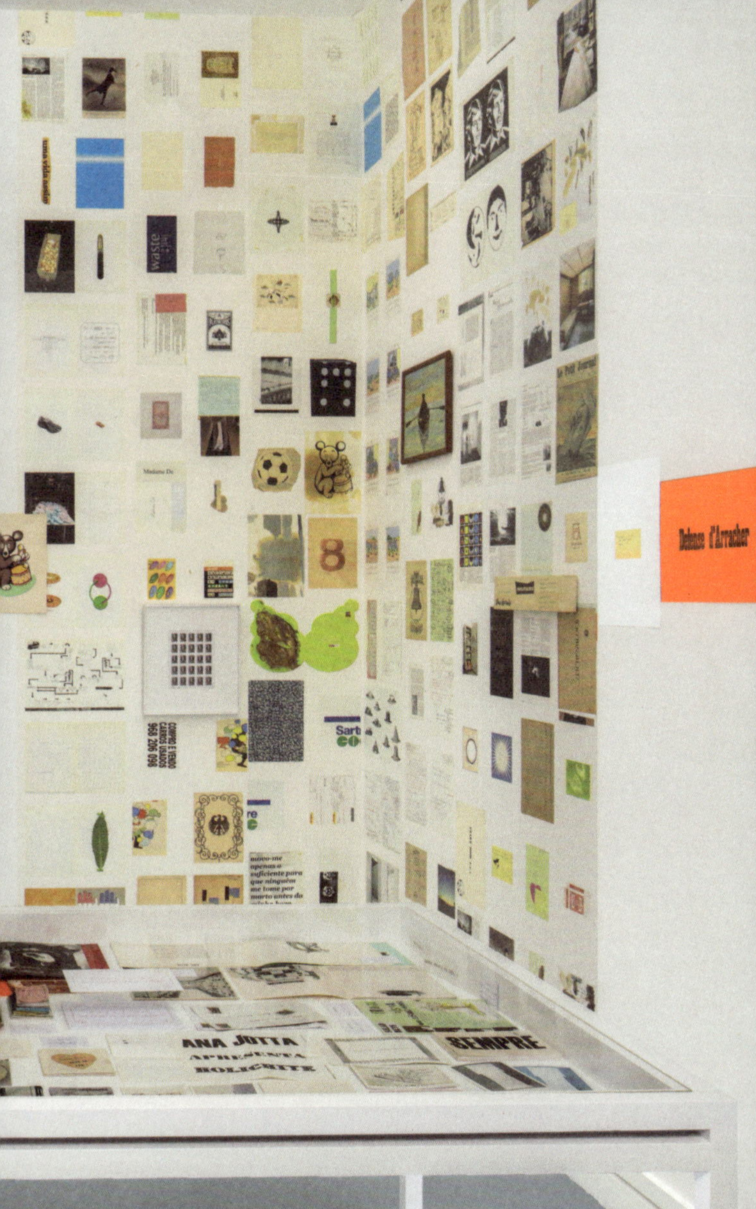
Defense d'Arracher
waste
Madame De
COMPRO E VENDO
CARROS USADOS
966 206 098
Sart
eo
novo-me
apenas o
suficiente para
que ninguém
me tome por
morto antes do
ANA JOTTA
APRESENTA
HOLIGHTE
SEMPRE

AU MUR

De gauche à droite : affiches et posters réalisés entre 2023 [et oui !] et 2013 soit pour annoncer des expositions soit « pour le plaisir » soit pour des éditeurs et/ou des amis, avec beaucoup de non datés à la fin ; puis un diaporama montrant des carnets de notes et de titres tenus entre 2013 et 2022 ; enfin, le calendrier publié en 2015 par le 8, rue Saint-Bon, Paris (juste après, sur la fenêtre : « Procura-se atelier », photocopies, décembre 2004)
Tout en haut du mur : c'est l'original ayant servi pour la jaquette de couverture du livre *Index 1987-2017. 30 ans du Centre d'art contemporain d'Ivry–Le Crédac*, 2018 (montré en vitrine)
Aussi au mur : papier peint *Cassandra II* édité en 2016 à partir du livre *Footnotes*, Culturgest, Lisbonne, 2014 ; de l'autre côté, le papier peint *Parterre*, 2020

SUR LE PAPIER PEINT

Peinture sur papier *Solitaire universel*, n. d. ; peinture anonyme d'un homme sur une barque et timbres *à la* Ana Jotta ; à côté du papier peint *Parterre*, le leporello *A Coragem de Lassie* publié pour l'exposition *A Coragem de Lassie*, Galeria EMI/Valentim de Carvalho, Lisbonne, 1988

AU SOL

Le Bonheur des Tristes, 2008, avec un écran, de la peinture acrylique et du feutre, courtesy & remerciements : Stéphanie, Paris ; à sa droite : *Un jour sans pain* est un jour sans soleil*, 2021, multiple publié par Keijiban, Japon, présenté sur son meuble ad hoc, peut-être en forme de J ?

AU PLAFOND

Que sais-je ?, bannière montrée pour la première fois à la Galeria Vera Cortês, Lisbonne, 2011

SUR LE MUR D'ENTRÉE

Une Jotta et son pain, n. d. ; variations autour *My Love Belongs To You*, multiple édité en 2020 par Captures Éditions, Paris

EN CONSULTATION SUR LA TABLE DE LECTURE

Rua Ana Jotta, catalogue d'exposition, Museu Serralves, Porto, 7 mai-3 juin 2005 ; *S/he is her/e*, publication à l'occasion de l'exposition *S/he is her/e*, Espaço Chiado, Culturgest, Lisbonne, 19 septembre-14 novembre 2008 ; *Footnotes*, livre d'artiste, Culturgest, Lisbonne, 2014 (et des « plastifiés » et d'autres publications dans les tiroirs…)

À VENDRE

AJ-PL, Pierre Leguillon pour Ana Jota, 332 pages, prix spécial exposition : 50 euros ; « From Ana Jotta to Pierre Leguillon », affiche recto-verso, 10 euros

SUR LES VITRINES

Des plastifiés avec 10 questions à Ana Jotta, des feuilles de salle pour des expositions en 2011 et 2022, des photographies chez Ana Jotta en 2022 et des pages de *Building*.

<u>**VITRINE PRÈS DE *PARTERRE***</u>

<u>Sur la ligne du haut</u> : les gravures *He said/And/Then I/Then*, 47 x 38,5 cm chaque, publiées par MEEL, Lisbonne, 2017 ; quelques pains* ; deux photographies et la robe de mariée bien emballée de la collection *Jotta Faísca* montrée à la Loja de Atalaia, Lisbonne, 2000

<u>Sur la ligne du milieu</u> : Ana Jotta réalise les couvertures des livres de la maison d'édition BCF Editores depuis 2018 et imprime des images extraites de *My Royal Past. The Memoirs of Baroness von Bülop as Told to Cecil Beaton* (Weidenfeld and Nicolson, Londres, 1960) sur des cravates et des chaussettes, avant 2000 ; elle écrit aussi sur des gants, un mouchoir, etc.

<u>Sur la ligne du bas</u> : l'article « Os Limites da Exuberância », *Marie-Claire Portugal*, mai 1989, p. 230-232 (qui nécessite une mise à jour, voir photographies de 2022) ; le numéro 8 de la revue *Octopus Notes* avec l'original de la contribution d'Ana Jotta, Paris, 2018 ; l'ouvrage *Index 1987-2017. 30 ans du Centre d'art contemporain d'Ivry*, publié par Le Crédac & Éditions Dilecta, Paris, 2018, dont Ana Jotta a conçu la jaquette

<u>**VITRINE PRÈS DE *CASSANDRA II***</u>

<u>La ligne des livres, de gauche à droite</u> : *Gaëtana. Sala de Estar*, avec Gaëtan et F.M., cat. exp., Galeria EMI/Valentim de Carvalho, Lisbonne, 1985 ; *Eu Seja Cão*, cat. exp., Galeria EMI/Valentim de Carvalho, Lisbonne, 1987 ; *Firmeza I e II*, cat. exp., Galeria Alda Cortez, Lisbonne, 1990 ; sérigraphie réalisée pour le passage à l'an 2000 ; Ricardo Valentim & Ana Jotta, *Moer*, publication à l'occasion de l'exposition *Al Cartio Constance Ruth Howes. De A a C*, Museu Calouste Gulbenkian, Lisbonne, 2018 ; João Leonardo, *Building*, 2020, avec des photographies et un texte d'Ana Jotta, posé sur Ricardo Valentim, *One Thousand Tickets*, 2010, dont la couverture est conçue par Ana Jotta ; *Fala-só*, cat. exp., Temporary Gallery, Cologne, 2018, posé sur Ricardo Valentim, *Encore ! Une exposition personnelle d'Ana Jotta*, publié avec gb agency, Paris, 2014, posé sur Ricardo Nicolau, *Jotta Dossier*, bfeditoria, Lisbonne, 2009

<u>Sur la ligne du milieu, de gauche à droite</u> : les premiers propos d'Ana Jotta sur « Une chambre en ville », 2021 ; quelques cartes de visite ; sept carnets de notes et de titres, 2013-2022 ; un flyer d'humeur ; des timbres et, enfin, « Retrato de Francisca Manuel », texte publié dans le magazine *Lux Fragil*, avril 2008

<u>Les cartons d'invitation, 1989 à 2022</u> : *Portraits* et *Drinks*, Galeria Diferença, Lisbonne, 1989 ; *Ana Jotta. Pintura*, Galeria Alda Cortez, Lisbonne, 1991 ; *Ana Jotta. Mon petit Crochet*, Galeria Alda Cortez, Lisbonne, 1992 ; *Jotta & Casqueiro*, avec Pedro Casqueiro, Galeria Alda Cortez, Lisbonne, 1994 ; *Ana Jotta, pintura, pintura*, Galeria Filomena Soares, Lisbonne, 1995 ; *Lição 11 & Lição 12*, Galeria Alda Cortez, Lisbonne, 1995 ; *Jotta Faísca*, A Loja de Atalaia, Lisbonne, 2000 ; *Monoparental*, Galeria Quadrado Azul, Porto, 2002 ; *Ana Jotta. Pintura*, Lisboa 20. Arte contemporânea, Lisbonne, 2003 ; *Fora de Portas*, João Esteves de Oliveira, Lisbonne, 2005 ; *Rua Ana Jotta*, Museu Serralves, Porto, juillet 2005 ; *Luna Park*, Lisboa 20. Arte contemporânea, Lisbonne, 2006 ; *19h30*, Lisboa 20. Arte contemporânea, Lisbonne, 2008 ; *Collection #1 (Ana Jotta)*, Culturgest, Lisbonne, 2009 ; *Cassandra*, Culturgest, Porto, 2016 ; *Portuguese Handicraft*, Établissement d'en face, Bruxelles, 2016 ; *« Não sendo Marquise, sempre quis ter uma Lavandaria »*, Marquise, Lisbonne, 2018 ; *Das–Ist–Das?*, Temporary Gallery, Cologne, 2018 ; *Three Moral Tales. Ana Jotta. Joëlle de la Casinière. Anne-Mie van Kerckhoven*, Malmö Konsthall, Malmö, 2019 ; *Don't flinch, don't fall, leave the light on*, Greengrassi, Londres, 2019 ; *Suite J, a vida é um palco*, Galeria Miguel Nabinho, Lisbonne, 2020 ; *Sempre*, Lumiar Cité, Lisbonne, 2022

Merci Cannelle & Frédéric d'Immanence ; merci Côme de veiller sur *A comme encre*.

Feuille de salle pour *A comme encre*, 2022

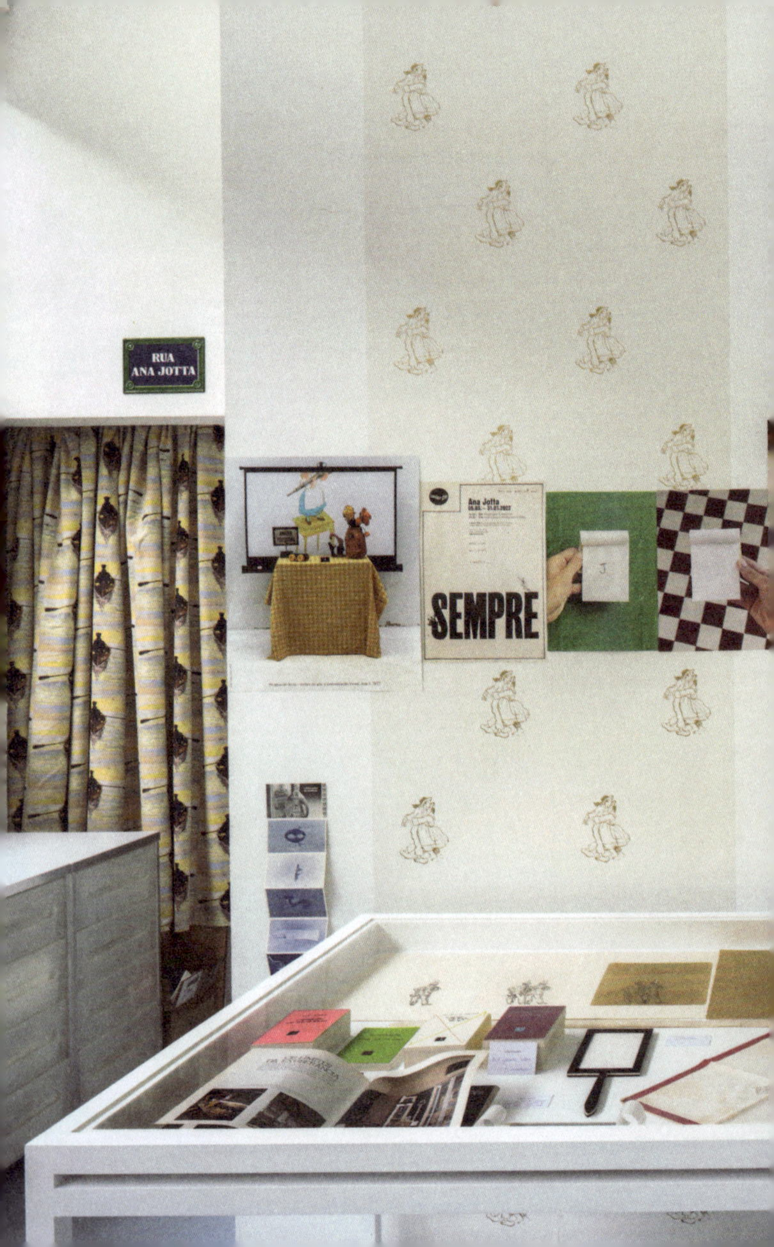

RUA
ANA JOTTA
SEMPRE
Ana Jotta

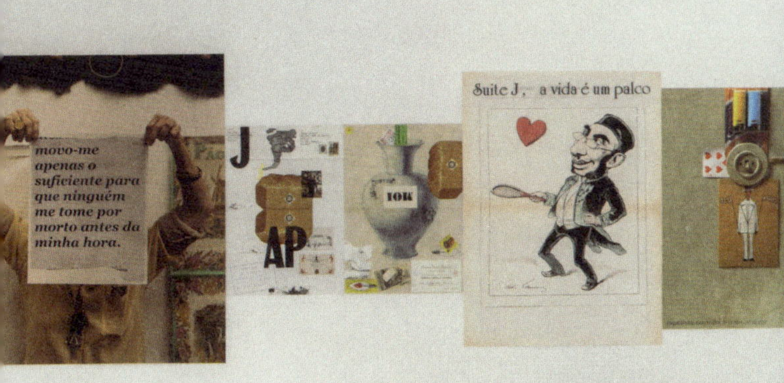

movo-me
apenas o
suficiente para
que ninguém
me tome por
morto antes da
minha hora.
J
AP
Suite J, a vida é um palco

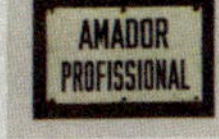

AMADOR
PROFISSIONAL

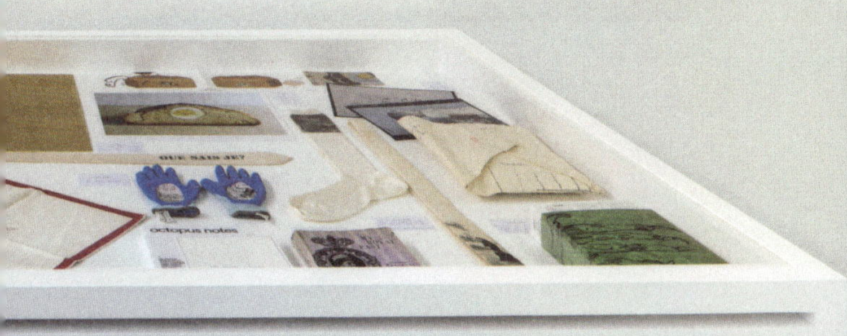

octopus notes

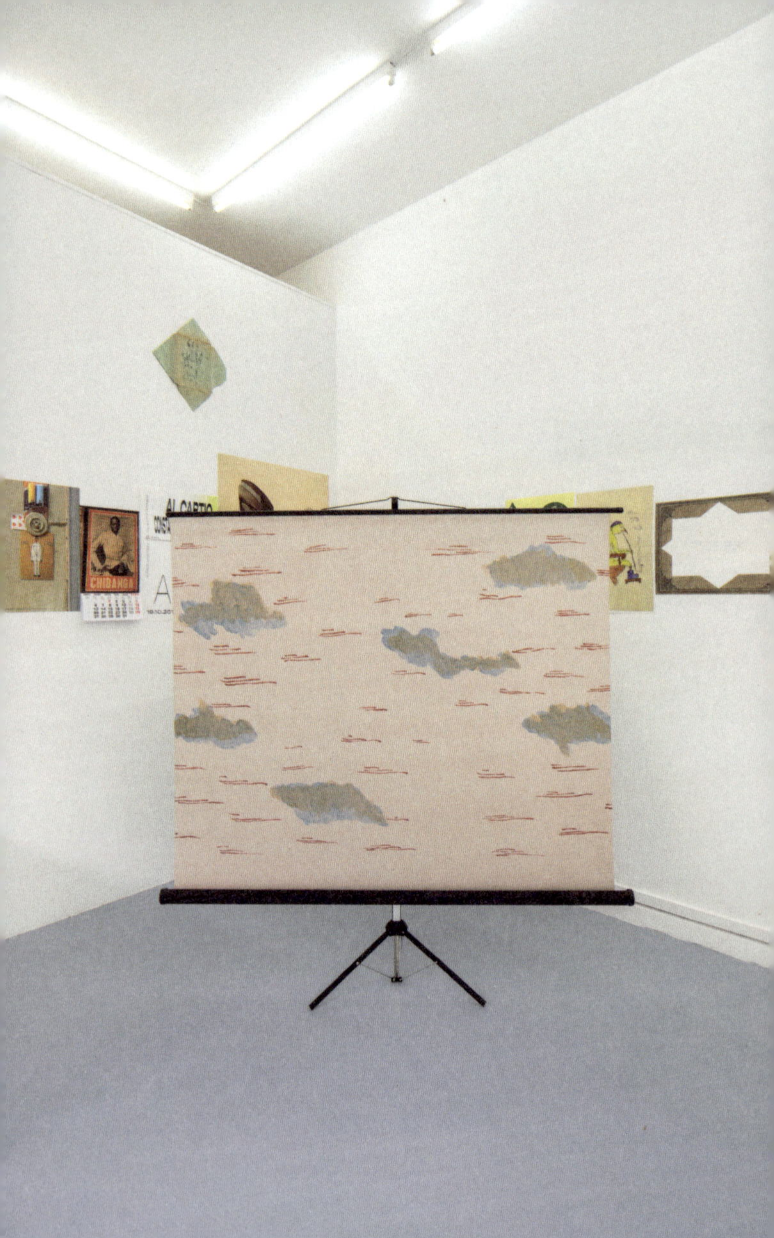

[P. 62-70]
A comme encre, projet d'Ana Jotta pour le Festival d'Automne
à Paris accueilli par le centre d'art Immanence, Paris, 2022

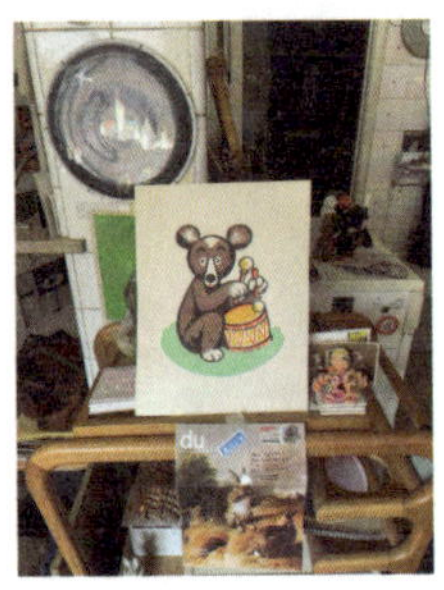

Dans la même collection :

CLÉMENT DIRIÉ (ED.)
Sheila Hicks: Apprentissages
ISBN 978-3-03764-487-4

CLÉMENT DIRIÉ (ED.)
Mapping Krasinski's Studio
ISBN 978-3-03764-532-1 (À PARAÎTRE)

CLÉMENT DIRIÉ (ED.)
Pierre Keller: Le Kilo-Art
ISBN 978-3-03764-544-4